MADAGASCAR

ET

PEUPLADES INDÉPENDANTES

ABANDONNÉES PAR LA FRANCE

MADAGASCAR

ET

PEUPLADES INDÉPENDANTES

ABANDONNÉES PAR LA FRANCE

SUIVIS DE

NOTES ET DOCUMENTS INÉDITS

AVEC DÉDICACE AU

GÉNÉRAL ROLLAND

Grand officier de la Légion d'Honneur

Par le colonel du VERGE

EX-CONSUL DES ÉTATS-UNIS D'AMÉRIQUE

PARIS

CHALLAMEL AÎNÉ, ÉDITEUR

LIBRAIRIE ALGÉRIENNE ET COLONIALE

5, rue Jacob, 5

—

1887

DÉDIÉ

A Monsieur le Général E. ROLLAND

GRAND OFFICIER DE LA LÉGION D'HONNEUR,

Comme gage

d'une amitié sincère et profonde qui ne s'est jamais démentie

depuis 1859,

où j'avais l'honneur de servir sous ses ordres,

comme caporal au 1er Grenadiers, 1er Bataillon, 2e Régiment étranger.

Italie et Algérie.

PRÉFACE

En présentant au public et à la critique le premier essai imprimé de mon voyage à Madagascar et de mon séjour parmi les Hovas où j'ai servi comme colonel pendant un temps assez long pour me rendre compte de toutes les intrigues des agents anglais, affublés de la capote de missionnaires anglicans, et de toutes leurs machinations contre la France et tout ce qui concerne le gouvernement français, particulièrement le catholicisme, mon intention a été, par quelques récits, de dire la vérité telle qu'elle est, et de montrer aux véritables enfants de la France, que plus des deux tiers de la population de la Grande Ile de Madagascar leur sont sympathiques et n'attendent plus actuellement qu'une chose : c'est que cette France, qu'ils aiment, vienne chez eux et leur prête main-forte pour chasser les Hovas d'un pays qui ne leur a jamais appartenu.

Induit en erreur comme bien d'autres sur les causes réelles de la guerre Franco-Malgache, je désirais, avant tout, réussir dans le projet que j'avais formé de me rendre compte par moi-même, de connaître à fond la vérité, et de parcourir, dussé-je périr à la tâche, Madagascar dans toutes les directions.

Je n'ai quitté le pays que lorsque j'ai été fatigué des lâchetés, des fourberies et des méchancetés des Hovas, excités par leurs conseillers les missionnaires anglicans, à la tête desquels se trouvait M. Parett, ancien forçat d'Australie, et cet infâme imposteur, commissaire-priseur de Durban-Natal, qui se donnait le faux titre de colonel de l'artillerie royale anglaise, Digby de Rontenay Willougby. Cet homme vil et méprisable n'est autre qu'un ancien comédien, jouant avec sa femme dans un des théâtres de Londres, un escroc de premier ordre de la colonie du Cap, que le docteur Prince ramassa un jour à Londres pour en faire son *newfoundland*. Pétri d'ambition, il a su, par ses intrigues, supplanter le docteur Prince et se mettre dans les bonnes grâces du premier ministre Rainilaiarivony et de la reine actuelle, ancienne courtisane, dont le mari fut plus tard empoisonné, pour qu'elle puisse s'emparer de la soi-disant couronne de Madagascar, et être comptée au nombre des femmes de son assassin et amant, le premier ministre.

Jour heureux fut celui où je pus serrer la main de MM. César Pépin et fils, Taber, Samat, Grevé, Victor Fullet et Thibault Desprez qui me reçurent, non en ennemi, mais en ami et en frère.

C'est là que j'ai pu apprendre toutes les horreurs que leur avait fait subir ce vil gredin de Daniel Rakoto, XIe Honneur, gouverneur de Maroundava et d'Andakabé. Ce n'est pas seulement pour eux que j'écris ce livre, pour eux qui ont tant souffert loin de la France et oubliés de leurs compatriotes ; mais, c'est encore à titre de reconnaissance pour le général E. Rolland, grand officier de la Légion d'honneur et ancien commandant du 2e régiment étranger, où j'ai servi et combattu sous ses ordres, comme volontaire, en 1859, pendant la campagne d'Italie. J'étais alors dans la légion étrangère, moi, fils de Français et de Française, dont les ancêtres avaient toujours servi la France avec gloire et honneur, sans compter les autres services qu'ils lui avaient rendus.

Je prie donc mes lecteurs d'être indulgents et de pardonner à cette vie d'aventures et de voyages sur terre et sur mer qui n'a cessé d'être la mienne depuis l'âge de treize ans.

Qu'ils n'oublient pas surtout que leurs compatriotes de Madagascar ont eu tous leurs biens pillés, eux et leurs familles chassés et poursuivis par les Hovas comme des bêtes fauves, et que, le 27 juillet 1886, jour où je les ai quittés, il ne leur avait pas encore été permis de reprendre possession de leurs maisons vides et démantelées.

Puissent donc mes faibles écrits rendre service à la France, en lui faisant comprendre l'amour que les Sakalaves de l'Ouest ont pour elle ; puissent-ils lui faire entrevoir les sentiments que professent à son égard les Harras, les Antenos et Kongas et autres tribus guerrières et indépendantes ! Puissent-ils plaire à mon ancien commandant le général Rolland, grand officier de la Légion d'honneur, à mes amis MM. César Pépin, Léo Samat, Grevé, Taber, Fullet, Baptiste, Thibault Desprez, et particulièrement au public qui me lira ! C'est là la seule récompense que j'ambitionne, et je me croirais mille fois payé de mes peines et de mes fatigues passées, si je voyais un jour le drapeau français flotter sur Madagascar, la plus riche île du monde entier.

MADAGASCAR

ET PEUPLADES INDÉPENDANTES

ABANDONNÉES PAR LA FRANCE

I

MADAGASCAR ET LES MALGACHES

Bien qu'il y ait encore beaucoup de choses incertaines dans les géographies anciennes concernant la grande île de Madagascar, tous les peuples instruits se sont cependant décidés à croire que ce sont les Arabes, avec leur navigation sur les côtes, dont on retrouve les traces dans les temps les plus reculés, qui ont, les premiers, et avant toute autre nation, connu la grande et riche île de Madagascar.

Vers le VIIe siècle, les Arabes de la Mecque prirent possession des îles Comores et étendirent leur commerce sur toute la côte de ce grand Archipel; et ce furent, en grande partie, leur langage, leur civilisation et leur culte qui prédominèrent pendant des siècles sur la majeure partie de la population.

Le grand géographe arabe Edresi, qui vivait en 1099, a laissé dans ses écrits une description de Madagascar, qu'il appelle *Zaledi* et qu'il fait remonter jusqu'à l'émigration des

Chinois et des Malais qui vinrent à Madagascar et qui s'y établirent.

Les Indo-Chinois et les Malais qui vinrent dans ce pays, à une époque qui ne saurait être déterminée avec précision, mais qui cependant ne remonte pas excessivement loin, sont devenus les *Hovas*.

Quoique ne possédant pas de documents positifs se rapportant à leurs véritable origine, je puis cependant donner quelques détails intéressants sur les ancêtres de cette race vaine, fière, orgueilleuse, despotique, ambitieuse, qui fut persécutée en raison de sa tyrannie par les autres tribus de la côte, et dont les sujets furent peu à peu contraints de se retirer dans l'intérieur de l'île, où ils s'établirent pour la plupart sur le plateau central d'Ankovas.

De là, ils devinrent, par la forme de leur gouvernement, et plus tard par les conseils des blancs, et particulièrement ceux des missionnaires, capables de dominer petit à petit quelques-unes des tribus qui avaient été tout d'abord leurs ennemis, entre autres les *Betsimisarakas*, peuple de la côte est, qui adorent les Français, bien qu'ils aient très souvent été trompés par ces derniers.

Avant la fin du xv° siècle, Fernand Suarez visita la côte est pendant que Tristan de Gunha explorait la côte ouest. Leurs écrits ne furent guère publiés qu'au moment où l'esprit d'émigration et l'amour des richesses commencèrent à faire leur apparition. De nombreuses expéditions furent entreprises après cette première, et le peuple s'imagina, avec justesse et bon droit, qu'il avait découvert le pays de l'or, de l'argent et des pierres précieuses.

Je dois dire ouvertement que, jusqu'à ce jour, aucun gouvernement, ni aucun homme, n'a eu assez d'audace pour s'emparer de cette île, la plus belle, la plus fertile et la plus riche du monde entier. J'espère donc vraiment que l'Allemagne, qui manque de colonies, secouera un jour la torpeur où elle est plongée et laissera de côté la crainte de la revanche des Français pour fixer les yeux sur cette belle île, où plus des deux tiers des habitants « même parmi les Hovas » désirent que des hommes blancs viennent dans leurs parages s'emparer de leurs pays.

En 1540, les Portugais commencèrent à faire du commerce avec les naturels de la côte, sur les îles du sud-ouest et sur le continent de la région située au 22° 10' latitude sud, où les Français découvrirent longtemps après des traces de leur passage. Ces Portugais firent plusieurs excursions dans l'intérieur du pays à la recherche de ces métaux précieux qu'on leur avait décrits y exister et qui y existent encore de nos jours. Malheureusement, les manières hautaines et tyranniques dont ils usèrent envers les naturels furent la cause que beaucoup d'entre eux furent massacrés et les survivants contraints de sortir précipitamment de la Grande Terre. Ils gagnèrent à la hâte les îles de Nosy-Vey, les îles des Assassins et les îles des Tombeaux avec le reste de leurs colonies et saisirent l'occasion du premier vaisseau dont ils profitèrent pour retourner en Europe.

D'autres tentatives de colonisation restèrent également sans résultats, et les Portugais voyant que ce pays, qui leur promettait tant de richesses, n'était pour eux qu'une cause de ruine et de deuil, l'abandonnèrent faute de « savoir-faire » et d'« agir. »

Vinrent ensuite les Hollandais qui, après plusieurs tentatives pour s'établir dans le sud et le nord-est de l'île, dans la baie d'Antougil, n'eurent pas plus de succès. Cette contrée fut appelée par eux « le cimetière des Européens. » Ils l'abandonnèrent définitivement pour porter à l'avenir leur attention du côte de l'Inde.

Je puis contredire ce récit d'une manière toute positive, et j'affirme que le sud et le sud-ouest des pays d'Ibaras, Antimores, Antenos, Mafales, ainsi que le sud-ouest du pays des Sakalaves, depuis « Ibosy », sont des contrées excessivement saines, d'une beauté magnifique et jouissant d'un climat tempéré. Bien plus, j'y ai même rencontré plusieurs phthisiques qui étaient en parfaite santé après avoir habité ce pays pendant treize années et davantage.

La France arriva à son tour ; et, sous le patronage du cardinal de Richelieu, la « Compagnie Orientale » fut formée. Le capitaine Rigault de la Rochelle, représentant de ladite Compagnie, obtint, le 22 janvier 1602, le privilège d'envoyer à Madagascar et dans les villes avoisinantes une expédition dans le but de former des colonies, d'y ouvrir le commerce dans n'importé quelle place il jugerait convenable, et d'en prendre possession au nom de Sa Majesté très chrétienne, le Roi. Une concession faite par le Roi et son conseil réservait exclusivement à la Compagnie Orientale tous les droits sur le commerce et autres richesses de Madagascar pendant dix années.

La Compagnie ayant été formée arriva à Madagascar en mars 1642 avec 75 colons qui débarquèrent sur la côte sud-est et allèrent s'établir à Mangofia, appelé par les Européens « Sainte-Luce. » Cette place, au nord du Fort-Dauphin, avait été désignée pour être la résidence des Français. En 1643, le *Saint-Laurent*, capitaine Résimond, de Dieppe, amena un renfort de 102 colons ; mais, un mois après leur arrivée, au mois de mai, le climat et les fièvres ajoutés à leurs débauches en avaient fait mourir vingt-six.

Le chef d'une province voisine, Diand'Ramaka, fut le premier à manifester des sentiments amicaux vis-à-vis des colons français. Mais bientôt, irrité par l'avarice, l'envie, la cruauté, le libertinage et la tyrannie de ces colons, il entreprit quelque temps après, de concert avec son peuple, de faire aux Français une guerre semblable à celle qui avait été faite aux Portugais. Ils massacraient tout ce qui se trouvait dans les places qu'ils prenaient, si bien que, peu après, les colons durent abandonner leurs petites colonies et leurs forts, non sans courir les plus grands dangers. Trouvant cette position insuffisante et impossible à défendre, le chef de l'expédition, M. de Pronis, transporta la colonie un peu plus au sud, dans la péninsule de Falanganary, laquelle reçut le nom de Fort-Dauphin. C'était vers la fin de 1643.

Ce nouvel endroit leur parut sans contredit d'un choix bien

plus heureux. La rade en était excellente et le port d'un accès très facile. Les navires qui allaient aux Indes pouvaient y relâcher très facilement et y trouver un mouillage très accessible et très sûr. Ce fut cet ensemble de conditions qui décida M. de Pronis à y fonder un poste sérieux, permanent et fixe.

Cependant des faits identiques à ceux qui avaient déjà été si funestes ne tardèrent pas à faire leur apparition dans ce pays, si bien que les colons se virent obligés de s'enfuir dans l'intérieur d'une province voisine, « Antenos », pour y trouver des moyens d'existence. Malheureusement, ils y amenèrent avec eux leur licence effrénée et leurs désordres. Ils étaient continuellement en guerre et toujours en opposition avec les naturels qu'ils tuaient et pillaient sans merci.

Le plus grand défaut des gouverneurs et des colons était *la différence de leurs croyances religieuses.* Je ne parle ici que du protestantisme et du catholicisme, et les naturels eux-mêmes ont trouvé étranges l'animosité et la dissidence qui ont fait le malheur et la perdition de toutes les nations civilisées du globe terrestre.

En 1644, le capitaine Le Royal de l'Ormeil arriva de Dieppe avec 190 colons, et même davantage. La discorde qui régnait entre les colons et les naturels s'accrut encore davantage, et il s'éleva des troubles sérieux. M. de Pronis fut pris et mis en prison, et M. Le Roy, qui était à la tête des mécontents, prit le commandement de la colonie.

Voilà en quelle situation en étaient les affaires lorsqu'arriva le *Saint-Laurent,* commandé par le capitaine Le Bourg, et ayant à son bord plus de 104 colons. Les rebelles remirent de Pronis entre les mains du capitaine Le Bourg, et lui enjoignirent de le rapporter en France. Pourtant, après une explication publique et des excuses de sa part, de Pronis fut rétabli dans sa position.

A la même époque, les Anglais, qui s'étaient emparés de la baie de Saint-Augustin, où ils s'épuisaient à établir une colonie, avaient fait des préparatifs pour la construction de quelques forts qui devaient leur servir, disaient-ils, de station intermédiaire sur la route des Indes. A l'heure actuelle, les naturels montrent encore l'endroit où ces forts avaient été construits ; mais les contestations continuelles avec les habitants, plutôt que les fièvres du pays, décidèrent les Anglais à abandonner leurs projets.

Ils quittèrent Madagascar pour s'en aller aux Indes, où ils fondèrent des colonies.

En résumé, j'ai remarqué que les Portugais, les Hollandais et les Anglais, après avoir jeté les yeux sur l'Inde, n'hésitèrent pas à concentrer toutes leurs ressources dans ce pays, et les Anglais abandonnèrent Madagascar pour n'y jamais plus retourner....., disaient-ils.

De Pronis, dont l'autorité n'était encore que très pauvrement rétablie, commit en ce moment une faute terrible qui compromit complètement la situation des Français à Madagascar. Les Hollandais, ayant pris possession de l'île Maurice et désirant la coloniser, envoyèrent un de leurs vaisseaux à Fort-Dauphin pour y chercher quelques esclaves. De Pronis, considérant le profit énorme qu'il en retirerait, s'engagea à fournir les esclaves demandés. Le jour fixé pour la vente de ces malheureux et pauvres Malgaches, un grand marché fut ordonné à Fort-Dauphin. Ils y vinrent sans soupçon avec leurs denrées et leurs bestiaux, furent saisis en grand nombre et envoyés à bord du navire hollandais, où ils furent enchaînés et mis à fond de cale comme des bêtes sauvages. Cette action perfide et lâche fut le plus grand coup porté à l'influence des Français à Madagascar, et les malheureux Malgaches moururent presque tous pendant qu'on les transportait à l'île Maurice.

Le 19 janvier 1650, les Malgaches et particulièrement les meilleurs amis de la France, les Antenos et les Antimoores, fatigués de la tyrannie des colons français, qui n'étaient pas meilleurs que les autres, se virent obligés de monter la garde jour et nuit, pour se garantir des embuscades des « Colonits-Français » qui, de leur côté, sans nourriture ni provisions, attendaient chaque jour de France un vaisseau qu'ils ne voyaient jamais apparaître, et perdaient toute énergie.

Harcourt, qui avait succédé à de Pronis, se vit dans l'obligation d'avoir recours à des expédients. Il s'empara par trahison de Diand' Ramaka, le chef malgache le plus influent du sud, et ne voulut jamais le remettre en liberté qu'en échange d'une rançon de 250 bœufs.

En dépit des nombreux renforts d'hommes venus de France à des époques différentes, la population française, d'après ces anciens rapports, n'excéda jamais 175 personnes, y compris les malades.

La fièvre, la misère, la débauche et les massacres décimaient continuellement la population. Quelques-uns pourtant, comme M. La Case, homme rempli de bonté et de droiture, s'étaient fixés au milieu des naturels et y avaient conquis une influente position. « C'est donc bien là une preuve que ceux qui agissaient avec eux comme des protecteurs et des amis étaient reçus avec bienveillance, et que l'on prenait soin d'eux. »

Bien que les Malgaches reconnaissent généralement la supériorité de l'Européen, ils ne peuvent et je ne crois pas qu'ils puissent jamais se soumettre à eux de bon cœur et sans garder des idées de vengeance et de représailles pour la « licence », le « libertinage », le « vol à main armée », le « despotisme », la « tyrannie » et les désordres dont, il faut l'avouer, les colons français et autres les ont abreuvés pendant si longtemps.

En 1664, Madagascar passa entre les mains d'une nouvelle compagnie française sous le commandement de M. de Montvergue, qui prit le titre de vice-roi, et la Grande Ile fut appelée « la France orientale. » La ruine et le désordre prirent cependant un nouvel accroissement avec cette nouvelle compagnie. Charmargau était gouverneur de Fort-Dauphin, et La Case, major-général de l'île. Mais les relations entre les Français et les naturels devinrent de plus en plus difficiles et, pour comble d'infortune, Montvergue et de Vautrie, qui avaient acquis quelque expérience, moururent tout d'un coup ; « très probablement par le poison » qui est chez tous les Malgaches « un remède très simple pour se débarrasser d'une personne. »

J'en parle ici on ne peut plus savamment pour avoir passé

par cette épreuve de la main de Ramambazafy, XIVᵉ Honneur, gouverneur général d'Ibonia, et de Rainvoancy, XIIᵉ Honneur. gouverneur de Marovoay, infernal endroit, prison terrible que l'on m'avait ordonné de ne pas quitter sans l'ordre du premier ministre. C'est là que j'ai pu sauver la vie de ce fameux officier des volontaires de Bourbon, M. Deheaulme, celles de MM. Bordenave, Garçon, et du caporal Perraud, et cela tout en me faisant passer à la vue des Hovas et même à la leur pour leur plus grand ennemi, tandis que, de leur côté, les trois premiers cherchaient à me faire passer aux yeux des Hovas pour un espion français, allant même jusqu'à dire que j'étais leur cousin.

O vérité ! pourras-tu jamais te faire connaître, et ouvrir les yeux à ces Français qui voulaient me faire clouer par les oreilles et fusiller comme un traître... Traître ! et de quoi ?... Peut-être d'avoir rendu des services à la France, le pays de mon père, à cette France que j'ai toujours aimée, et que j'ai servie pendant la guerre d'Italie comme volontaire dans un régiment étranger. Car elle, cette France, ne voulait pas me recevoir comme un de ses enfants.

Diamananga, un des plus puissants rois malgaches du district de Fort-Dauphin avec lequel les Français avaient un soi-disant traité d'amitié, invita, un jour, Charmargau, le prêtre Etienne, Patté, Moucy, et plusieurs autres à dîner. A leur retour à Fort-Dauphin, ils furent tous massacrés dans un bois. Ce tragique événement est dû, comme l'histoire et beaucoup d'autres documents le prouvent, au zèle déployé par les missionnaires, qui voulaient contraindre par force les naturels à leurs croyances.

Dans les manuscrits de Souchon, Goy, Bonnefort, Vaurigaud, la Case, Lamargau, Bourdaise et beaucoup d'autres, il est mentionné d'une manière spéciale que les Français, pour se procurer de quoi vivre, étaient obligés d'aller à d'énormes distances y chercher du riz ou du bétail. Toute la contrée entourant Fort-Dauphin était dépeuplée et inculte. Commerceau, dans son *Voyage à Madagascar*, rapporte qu'il avait compté plus de trois cents villages qui avaient été brûlés pendant les six années du gouvernement de Flacourt ; et, plus loin, il écrit : « Le pillage était à l'ordre du jour. »

En 1666, une nouvelle compagnie fut formée sous la présidence du roi Louis XIV.

Cette compagnie prit le nom de « Compagnie orientale indienne. » L'agitation était alors très grande concernant la grande île de Madagascar que l'on avait baptisée du nom de « l'île Dauphine. » A en entendre parler le peuple, c'était un véritable paradis terrestre où croissaient en abondance toutes les productions que la terre peut donner. Bien plus, et c'est ce qui est la plus grande attraction en ce bas monde pour les envieux, on disait, et c'est la réalité : « Madagascar ou île « Dauphine possède des mines d'or, d'argent, de cuivre, de « plomb, de houille et des pierres précieuses !... Dans la sai- « son des pluies, des lingots d'or et de pierres précieuses gi- « sent le long des bords de l'eau, dans les ravins et même sur « les coteaux... Quand vient la saison sèche on les trouve dans « les lits desséchés de la rivière, des vallées et en relief sur « les versants des montagnes. »

Sa Majesté Louis XIV avança sans intérêts à la nouvelle compagnie une somme de 3.500.000 francs ; mais cette compagnie, comme toutes les autres, ne rencontra que déceptions après déceptions, désappointements et mortifications. La catastrophe et le désastre qui devaient en être la suite apparurent alors d'autant plus terribles que l'expédition avait été organisée sur une plus grande échelle.

Enfin, ce que l'on prévoyait arriva ; les naturels attendaient seulement le moment opportun pour en finir avec tous les colons français, comme avec les autres, et les chasser de leur pays, où ils ne commettaient que des meurtres et des crimes atroces.

En août 1674, vint à Fort-Dauphin un navire contenant une quantité de jeunes filles destinées à la colonie de Bourbon. Pendant leur séjour à Fort-Dauphin, les hommes, qui avaient été longtemps sans voir de femmes blanches, désirèrent tous se marier. Les mariages et les fêtes se succédaient et les Français se relâchaient dans leur vigilance. Les Malgaches, qui attendaient avec patience et épiaient le moment opportun pour en faire un massacre général, profitèrent de cette occasion ; et, pendant que les colons étaient au milieu de leurs noces et de leurs festins, ils tombèrent sur eux à l'improviste et les exterminèrent. Un navire appelé *le Pigeon Blanc*, qui était en rade à Fort-Dauphin, ramassa le reste de cette colonie française à Madagascar.

Ce fut fini, la France abandonna Fort-Dauphin pour n'y plus jamais retourner, comme on disait alors.

Dans les Mémoires de cette époque, il est rapporté que la France n'avait envoyé à Madagascar que deux cents hommes, soldats ou colons. La moitié de ce nombre mourut d'épidémie, de famine, de débauche ou en combattant dans les guerres ; un quart alla fournir le noyau à des colonies de Bourbon et de l'Ile de France, appelée maintenant Maurice ; le reste regagna la France.

Tous ces essais de colonisation, qui croupirent toujours à l'état de projet et que l'on entreprenait tantôt d'un côté et tantôt de l'autre, ont toujours continué jusqu'à ce jour et durent encore avec le même résultat : « cela, par la faute personnelle des hommes blancs. »

Dans le siècle où nous vivons, les plus puissants prennent, s'ils ne le volent pas, le pays qu'ils convoitent. C'est ainsi qu'ont toujours agi les Anglais et ceux qui leur ressemblent. Mais, s'ils le font, c'est à main armée, avec des engins de guerre qui sont aujourd'hui la perfection de l'art, avec des soldats bien aguerris et bien disciplinés. Et ils attaquent qui ? de pauvres peuplades, qui n'ont pour se défendre que leur courage et leur lance. Vous n'avez qu'à jeter un regard rétrospectif sur les Cafres, les Zoulous, les Mahouris, les Indous, les Peaux-Rouges et les Malgaches... Mais eux, les Hovas, étaient parfaitement pourvus d'armes et de munitions de toutes sortes qui leur avaient été vendues et délivrées par « ceux qui se disent les meilleurs amis de la France »... les Anglais.

Tels sont pourtant la civilisation et le christianisme en plein XIXᵉ siècle.

L'Ile de Madagascar, si riche par elle-même, n'avait offert que des déceptions à ceux qui avaient essayé de s'y établir, comme les Portugais, les Hollandais, les Anglais et même les Français. Ces diverses nations avaient dû abandonner successivement ces rivages qui ne leur avaient procuré que la fièvre, la famine et la destruction, maux qui ne provenaient que de leur propre faute.

Le commerce était nul, l'agriculture ne pouvait réussir à cause du manque d'hommes pour cultiver le sol et, il faut l'avouer, parce qu'aussi les Malgaches de la côte étaient plus ou moins paresseux. Leurs besoins étant très restreints, c'était seulement lorsqu'ils manquaient de poudre ou de quelqu'autre article de première nécessité qu'ils se mettaient à l'ouvrage, et seulement pendant le temps nécessaire pour se procurer ce qu'ils voulaient.

Avant de terminer ce récit à vol d'oiseau, je dois faire remarquer que ce sont les Européens eux-mêmes qui ont été la cause de leurs échecs et de leurs désastres. Ce sont eux qui ont donné aux naturels le mauvais exemple le plus déplorable, c'est le christianisme enseigné par les agents anglais, sous la capote de missionnaires « méthodistes, évangéliques, indépendants.'» Le pillage, le meurtre, la trahison, la licence, la débauche, l'oppression, la tyrannie, l'injustice commise jadis et encore de nos jours par bien des traitants des côtes sud-est, ouest, et sud-ouest de Madagascar, n'ont-ils pas toujours été la règle de leur conduite ? Voilà pourquoi les naturels, les barbares comme on les appelle, les ont fuis comme s'ils avaient été des serpents, dangereux et remplis de venin.

Les derniers actes des Français à Madagascar sont encore tout frais à la mémoire de chacun et il est inutile de les répéter ici. Le monde entier, les Hovas eux-mêmes, ont été surpris que la France ait condamné ses braves et vaillants soldats et ses officiers à mourir lâchement et injustement des fièvres et autres épidémies à Majenga, Tamatave, Passendava et

Vohimar, au lieu de continuer leur marche et de parvenir à Antananarivo, capitale des Hovas. Là, plus d'un tiers de la population, la plus riche et la plus influente comme caste élevée, attendait avec ardeur l'apparition du drapeau français pour pousser son cri de guerre et exterminer les usurpateurs du trône, ses oppresseurs.

Quelle est l'opinion laissée par les Français sur toute la côte et dans l'intérieur de Madagascar ? C'est qu'ils n'étaient pas réellement des hommes blancs, mais bien des femmes poltronnes et menteuses auxquelles les Hovas avaient fait peur.

C'est là un fait exact qui m'a été appris par plusieurs Rois, Chefs et peuplades des différentes tribus de Madagascar que j'ai visitées et que j'ai traversées avec le premier pavillon américain qui ait jamais été déployé dans ces parages, où le sol, le plus fertile du monde entier, n'avait jamais encore été foulé par les pieds d'aucun homme blanc.

II

SIHANAKAS

Peuple, coutumes et pays.

L'origine des Sihanakas est encore conservée chez eux au moyen de la tradition ; c'est un mélange de Hovas et de Bezanozanos. Depuis les temps anciens, et même encore à l'heure actuelle, beaucoup de Hovas abandonnent Imérina pour les fertiles contrées de Sihanakas, et ce sont eux qui, avec les Bezanozanos, ont formé la tribu de Sihanakas.

Comme couleur de peau, ils diffèrent peu des Hovas, mais leur physionomie est beaucoup plus agréable. Presque chaque famille possède un troupeau, à moins qu'elle ne soit excessivement pauvre, et mener paître ces troupeaux est leur principale occupation.

Il n'y a rien que ces peuplades aiment autant que de suivre, ainsi que leur famille, leurs troupeaux, et de camper avec eux dans les pâturages.

Les jours où l'on coupe les oreilles aux jeunes animaux sont pour eux des réjouissances, où ils tuent des bœufs et font de grands festins.

Pour la culture de leur riz, ils commencent d'abord par faire une quantité de profondes jetées de terre pour tenir l'eau ; cela terminé, ils poussent leurs bœufs dans ces endroits, et les font tourner et retourner sur ce terrain destiné à être planté, et sur lequel on a laissé l'eau se répandre avec profusion et pénétrer à quelques pouces de profondeur.

Lorsque le sol a été ainsi bien pilé et broyé, de manière à ne plus laisser apercevoir aucune espèce d'herbe et que le terrain ne ressemble plus qu'à une sorte de mare de boue, ils sèment alors le riz et ils l'abandonnent ensuite jusqu'à ce qu'il soit bon à être moissonné.

Ils ne le transplantent jamais comme font les Hovas et ne le soignent jamais plus en aucune manière, le laissant pousser avec les herbes et autres plantes.

Lorsque le riz a atteint sa maturité, il est moissonné et mis en tas et meules rondes, dont quelques-unes sont d'une hauteur et d'une largeur considérables. Quelque temps après, lorsqu'il est desséché entièrement, ils le prennent en commençant par le haut de la meule et le battent avec un grand bâton. Les hommes seuls battent le riz. Quand il a été suffisamment battu de manière à séparer le grain de la paille, ils charroient ce riz dans leurs demeures pour y être emmagasiné, et abandonnent la paille pour engraisser le terrain.

Ils n'amassent pas le riz dans des fosses ou « sylos » comme le font les Hovas, les Betsileoniaus et les Betsimisarakas, mais ils le placent dans d'immenses paniers faits de « zorozo » (roseau épais poussant dans tous les marais). Ces paniers sont supportés par huit ou dix pieux de douze à quinze pieds de haut, et recouverts sur le dessus d'une espèce de toiture. Quant aux Hovas, dans leur crainte continuelle d'être volés ou tués, ils amassent leurs produits dans des fosses ou « sylos » creusées dans l'intérieur de leurs maisons et devant leurs portes.

Prendre le poisson qui abonde en ce pays est l'occupation des femmes, des hommes et des enfants. Pour le petit poisson, les femmes draguent dans des cours d'eau peu profonds avec des espèces de paniers ; les hommes tendent des casiers aux anguilles, et les enfants pêchent avec des appâts. Lorsqu'ils ont pris beaucoup de poissons, ils les entassent dans des paniers et les emportent à quelque marché pour y être vendus, ou les font sécher au soleil pour en avoir à discrétion pendant

la saison des pluies. Quelques familles de Sihanakas, considérées comme ayant une grande fortune, possèdent de cinq à
vingt esclaves, et de 500 à 2.000 bœufs.

Jamais les hommes n'apporteraient à la maison le poisson
qu'ils ont pris, mais ils le laissent sur le bord de l'eau afin que
les femmes aillent le chercher et l'apportent.

La plus curieuse région du pays, et la seule dont je ferai
mention ici comme contrée et comme peuple, est un village
appelé Ankoroko, dont les habitants ne font pas autre chose
que de pêcher. Il est situé parmi les zorozos et dans un immense marais couvert de ces roseaux vers le sud des Alaotras.
Les coutumes en sont excessivement curieuses, car cette peuplade, presque sauvage, est extrêmement superstitieuse. Cependant les hommes blancs y sont reçus avec une extrême
bienveillance, et passent à leurs yeux pour être presque des
dieux. Ils s'adonnent beaucoup à l'astronomie, et observent
religieusement les jours fastes et les jours néfastes.

L'année est divisée en douze parties, les unes bonnes, les
autres mauvaises ; les unes puissantes, et les autres faibles ;
chacune de ces parties est aussi divisée de la même manière.
Chaque jour est également réparti en diverses divisions depuis
le matin jusqu'au soir.

Si un étranger arrive chez eux un jour qui est considéré
comme malheureux, ils ne lui permettent pas d'entrer dans le
village, mais ils le font rester en dehors, et là lui apportent de
la nourriture.

Pour pénétrer dans ce village ou plutôt dans ces trois villages, il n'existe pas de route où l'on puisse marcher à pied,
et l'on est obligé d'y aller en pirogue. Encore, cette manière
de voyager est-elle excessivement difficile à pratiquer, attendu
que le passage se trouve au milieu d'épais « zorozos » qui
vous entraînent de tous côtés, si bien que vous ne pouvez apercevoir les villages qu'une fois que vous êtes rendu parmi les
maisons.

Dans la saison des pluies, lorsque l'eau vient à monter, elle
entre dans les maisons de ce peuple, et voici alors ce qu'ils

font : ils entrelacent ensemble quelques couches de « zorozos »
de manière à en former une espèce de radeau, de sorte que
lorsque l'eau monte le radeau monte aussi avec elle. Ils mettent sur ce radeau leur foyer et leurs lits composés de nattes,
et vivent là, montant et descendant au gré de l'onde jusqu'à
ce que la saison des pluies soit passée, et qu'ils puissent alors
vivre de nouveau sur le sol.

Ce peuple est celui qui a les coutumes les plus singulières
de tous ceux que j'ai vus à Madagascar.

Lorsqu'un homme blanc arrive au milieu d'eux, ils l'entourent immédiatement en lui apportant, comme présent, des poissons. Puis, après les compliments d'usage sur l'état de sa santé,
son voyage, ses fatigues, les guerres qu'il a dû avoir avec les
brigands des forêts et autres malfaiteurs, cinq jeunes filles du
village lui sont conduites comme femmes. Ces jeunes filles
fléchissent le genou devant lui et se prosternent à terre. Celle
d'entre elles qui est relevée la première par le voyageur est
considérée par les autres comme la favorite ou la préférée, et
il lui est dû obéissance.

Elles vous conduisent alors dans votre maison où les quatre
femmes s'occupent de vous préparer une nourriture confortable, si toutefois on peut appeler confortable de manger des
poissons grillés. C'est cependant bien appétissant pour celui
qui a faim et qui rencontre un repas semblable. Il lui paraît
alors excellent, en songeant qu'en 1883, il a été, par force
majeure, obligé, dans l'intérieur de l'Afrique, de trouver bon
et de se contenter d'un rat séché au soleil pour tout potage
pendant deux longs jours.

Pendant ce temps, la préférée ou favorite se tient seule à
votre côté, vous éventant et s'efforçant de vous faire trouver
un bien-être quelconque par toutes ses petites bontés et ses
chants, qui sont loin d'être harmonieux.

La plupart des chefs me dirent que les œufs n'étaient nullement bons à manger, bien qu'ils aient fait tous leurs efforts
pour les rendre mous en les faisant cuire. Après tous leurs
efforts et leurs fatigues, ils trouvèrent qu'ils devenaient de

plus en plus durs à mesure qu'ils les faisaient bouillir, et ils les avaient jetés au loin, disant qu'ils pensaient que les œufs n'étaient pas bons à manger.

J'en demandai immédiatement quelques-uns et les fis à la coque. Ils parurent on ne peut plus étonnés, et crurent que j'étais un grand génie.

Ils me racontèrent aussi que quelques-uns d'entre eux avaient été une fois dans une pirogue où il n'y avait qu'un esclave pour la faire marcher, avec deux avirons. Comme la pirogue n'avançait que très lentement et que l'esclave ne pouvait user que d'une pagaie à la fois, un d'entre eux avait suggéré l'idée de couper l'esclave en deux parties, et d'en mettre la moitié à l'avant et l'autre moitié à l'arrière de la pirogue, pour faire aller les deux pagaies.

Cette idée fut aussitôt mise à exécution. Mais, hélas ! à leur grand déplaisir et à leur grand étonnement, ils avaient remarqué que de couper l'esclave en deux n'avait eu comme résultat que de le tuer, et que la pirogue, au lieu d'aller plus vite, restait à la même place avec un esclave de moins.

Poser la charpente de leurs maisons, l'encadrement de la porte et des fenêtres, c'est l'affaire des hommes, de même que de couvrir les toits. Mais, entrelacer les zorozos, les tresser, les arranger, en un mot finir entièrement la maison, cela regarde les femmes.

Les deux nattes du plancher de zorozos et les parois des murs sont faites avec des nattes excessivement belles. Ils ne font pas de cloisons ou séparations dans leurs maisons et dorment toujours la tête tournée vers le nord. La porte est toujours faite à l'est, contrairement à presque toutes les autres peuplades de Madagascar, et la fenêtre au sud. La cuisine se fait du côté ouest de la maison ; la maîtresse ou favorite de la maison vous sert la nourriture elle-même, soit du poisson ou des légumes : c'est ainsi qu'ils appellent une espèce d'herbe à fleur jaune très piquante au palais. Ils vous donnent ensuite des racines très bonnes à manger et dont le goût se rapporte assez à celui de la cambarre. Après avoir ainsi servi le maître de la maison, elle passe aux autres femmes et de là aux esclaves.

Leur vêtement consiste en « lambas », faits avec des feuilles de « rafias », teintes en bleu et en rouge. Les femmes mariées portent des espèces de chemises faites de la même manière, tandis que les jeunes filles portent autour de leur ceinture un simple lamba qui ne descend jamais plus bas que le dessus du genou. Il existe dans ce pays une maladie appelée *tromba* qui attaque les jeunes personnes des deux sexes. Je pense qu'elle est la conséquence de leurs habitudes licencieuses, et ceux ou celles qui en sont atteints sont comme des personnes hystériques.

Lorsque quelqu'un d'entre eux commence à être sérieusement malade, on le transporte secrètement en dehors du village. Il est porté dans quelque endroit écarté du pays où personne n'a la permission de le voir, si ce n'est un ou deux de ses parents pour lui donner les soins que réclame son état.

Si la maladie vient à s'aggraver et si le malade meurt, le cadavre est de nouveau ramené dans le village et exposé sur un lit de parade. Ce lit est composé de quelques nattes placées sur un tas de zorozos assez élevé et autour duquel sept têtes de bœufs sont placées, trois de chaque côté du corps et une aux pieds, toutes tournées du côté nord, endroit vers lequel la tête du mort est également placée.

Lorsqu'ils veillent un corps mort, une quantité de femmes vieilles et jeunes se tiennent dans la maison renfermant le cadavre. Le chef pleureur se met à pleurer, pendant que les autres chantent et battent du tambour.

Les chants funèbres qui se font entendre en cette occasion sont désolants, discordants et étranges à l'oreille et montrent ouvertement leur ignorance sur l'état futur et sur ce qu'il y a au delà du tombeau. Ils appellent leurs morts « hommes ou femmes perdus. » La mort est considérée par eux comme le messager d'une puissance au cœur endurci qui vous pousse brutalement dans de mauvaises affaires qu'on ne saurait changer et qui place les gens dans des périls aussi extrêmes que dans la mâchoire d'un crocodile et qui ne saurait être fléchi par aucune supplication.

Pendant qu'ils chantent encore de la manière que je viens de décrire ci-dessus, un homme fait le tour de la maison en faisant entendre des chants funèbres sur un ton lugubre. A ce bruit, ceux qui sont dans la maison s'arrêtent immédiatement et se tiennent complètement silencieux. Celui qui est dehors s'en va ensuite et ceux qui sont à l'intérieur recommencent de nouveau.

Pendant cet intervalle les hommes se tiennent dans une autre maison appelée *tranolahy*, « maison des hommes. » On y apporte continuellement du rhum qui est bu par eux et ils font cuire de la viande de bœuf pour que les femmes puissent en manger. Le bruit que font ces hommes à moitié ivres ainsi que le désordre qui s'y passe vous rend malade et vous fait ardemment désirer d'être bien loin de là.

Tous les soirs ils tuent plusieurs bœufs et achètent une quantité de rhum en échange de poissons, nattes et lambas.

Dans les derniers jours de la veillée du corps, ils conduisent dans le village un grand nombre de bœufs. Tous ces hommes prennent leurs assagaies, transpercent à un moment donné ces animaux de leurs lances et les tuent dans toutes les parties du village de manière à ce que chacun puisse prendre le morceau qui lui convient, hormis la tête.

Toutes les têtes des bœufs tués sont rassemblées et placées ensuite les unes sur les autres sur de longs pieux. Quand le corps est sur le point d'être enseveli, la veuve se revêt avec profusion de tous les ornements qui sont en sa possession, s'habille d'un « lamba » écarlate avec des grains en argent sur les bords. Elle met des chaînes d'argent autour de son cou, de ses poignets et à la cheville de ses pieds. De longues boucles d'oreilles lui pendent jusqu'aux épaules. Elle porte également sur la tête des ornements en argent.

Elle est d'abord placée dans la maison du défunt, de manière à ce que tout le monde puisse la voir et que chacun puisse contempler à quel point son mari l'avait ornementée lorsqu'il était encore en vie. Quand le peuple s'en va pour les funérailles, elle reste dans la maison, car il lui est interdit d'aller au tombeau.

Tous les bœufs qui étaient la propriété du décédé ainsi que ceux de sa famille sont conduits près du village, de manière à ce que le peuple puisse les voir et en compter le nombre. Quelques-uns de ces bœufs, et ceux de couleur blanche seulement, sont amenés dans le chemin par où le cadavre doit passer. A l'approche du corps, des hommes le devançant transpercent ces bœufs de leurs lances et laissent leurs corps sur la route de manière à ce qu'ils puissent être foulés aux pieds par ceux qui portent le mort.

Un homme, ayant sur la tête un plat en terre rempli de bouses de vache séchées au soleil et enflammées, s'avance derrière le corps, et une fois que ce corps a été déposé dans le tombeau, ledit plat est placé sur la pierre enfoncée en terre perpendiculairement à la tête du corps. Ils disent qu'ils le placent en cet endroit afin que la personne morte puisse prendre du feu si elle trouvait qu'elle a froid.

Quand les parents et les amis retournent à leur demeure et qu'ils aperçoivent la veuve revêtue de ses beaux vêtements et de ses ornements, ils se précipitent sur elle, lui déchirent les vêtements et lui arrachent violemment ses ornements en disant en même temps : « Ceci est la cause que nous n'avons plus maintenant notre parent au milieu de nous. » Quand tous ses vêtements lui ont ainsi été arrachés, ils lui donnent un grossier « lamba » de rafias, une cuillère dont le manche est cassé et un plat rond dont le pied est également brisé... sa chevelure lui est défaite et ils recouvrent cette pauvre veuve, quelquefois très jeune et très belle, avec des nattes grossières.

Elle reste ainsi sous cette couverture pendant un long jour et ce n'est que la nuit qu'elle peut la quitter. Qui que ce soit qui aille dans la maison, la veuve ne doit pas lui parler. Le plat cassé et la cuillère, dont j'ai parlé plus haut, sont ceux dont elle se sert pour manger. Il ne lui est pas permis de se laver le visage, ni les mains, mais seulement le bout des doigts.

Cette malheureuse endure ainsi toutes ces ignominies et ces tortures pendant trois, six et quelquefois douze mois. Quand tout cela est terminé, son temps de deuil est fini ; pourtant il lui reste parfois un temps assez considérable pour être entièrement libre, car il ne lui est pas permis d'aller dans la maison de ses propres parents jusqu'à ce qu'elle soit d'abord divorcée d'avec les restes de son mari comme divorcent les autres femmes du monde civilisé. Ce sont les parents de son défunt époux qui ont seuls le droit de prononcer son divorce.

Je n'ai pas eu le temps d'assister à une de ces dernières cérémonies, je n'avais que peu de temps à moi et je voulais me rendre aussi loin que je le pouvais du voisinage de tout hovas, car je les craignais plus que les vipères.

Les enfants du défunt, s'il en laisse, apportent de la forêt du bois en ayant soin de le choisir d'une espèce très dure et de grande durée, avec un tronc étroit, élevé et possédant deux branches fourchues comme les cornes d'un bœuf. Ils l'érigent ensuite dans un trou creusé dans la terre et sur la route en souvenir du décédé, identiquement à la même place et de la même façon que les Betsileoniaus et les Hovas élèvent des pierres droites là où le corps a passé sur la carcasse des bœufs tués en l'honneur du mort.

Ils abandonnent généralement la maison dans laquelle le décédé a habité pour la dernière fois et personne ne l'occupe plus jamais. Ils ne la détruisent pas, mais la laissent tomber d'elle-même en décombres. Cependant ils ne quittent pas leurs villages comme les Sakalaves et les Antenos.

Ils appellent une maison abandonnée ainsi, « une maison brisée », incapable d'abriter un homme vivant, car elle n'appartient plus qu'à des esprits malfaisants qui sont très méchants et qui ont été la cause de ce que le propriétaire a été obligé d'aller rejoindre le chef de tous les chefs qui habite une grande caverne pleine de feu et très profonde où personne autre que lui n'a pu et ne pourra jamais habiter.

L'air si malsain de ces marais m'obligea de quitter ce peuple,
l'un des plus sauvages de Madagascar, et malgré cela d'une
extrême bonté. Huit jours après mon arrivée parmi eux, je les
quittai en leur faisant la promesse de revenir et d'habiter
leur pays.

III

LES TANALAS

Coutumes, superstitions, etc.

Ivohitrosa est un petit village situé à environ cinq jours et demi de la ville d'Ampohibero, qui n'est éloignée que de quelques milles de l'embouchure de la rivière de Matitana. Le peuple est à peu près de la même race que les Ikongos, mais il a le teint bien plus clair. Le prince Andriano vient de la tribu appelée Zafimanelo. Ils sont divisés en un grand nombre de classes et de rangs et il m'a été dit que les ancêtres du prince étaient des « Didons. » Je suppose qu'ils entendent par là des Français qui sont venus, il y a de cela bien des années, d'au delà des mers.

Pour la manière dont ils prennent leur nourriture on peut les diviser en deux classes. Sur les frontières de Rianany ils mangent sur des feuilles de latanier ou celles de l'*arbre de voyageur*, et en s'avançant du côté du sud, ils prennent leurs repas dans des plats de bois et font usage de cuillères.

Les Zafimanelo ferment leurs portes lorsqu'ils mangent, de sorte qu'il est excessivement difficile à quelqu'un de les voir manger. En outre, les habitants sont divisés en deux catégories : les princes et la classe générale du peuple.

Les Hovas sont divisés en douze classes différentes et il n'est pas possible de connaître exactement leur origine. Bien

qu'ils se disent être de véritables naturels, les Tanalas sont
en grande partie mélangés avec les Hovas. Les princes et les
Hovas peuvent se marier l'un avec l'autre. Si une princesse,
mariée avec un hovas, lui donne un enfant, cet enfant est
considéré comme hovas ; mais si un prince se marie avec une
femme ordinaire des Hovas, le mari ne peut pas divorcer
d'avec elle, mais la femme peut divorcer d'avec son époux.

S'il arrive qu'un homme de la tribu des Hovas viole la
femme d'un prince ou d'un noble et qu'il ne puisse payer
l'amende qui est de seize bœufs, ou quelqu'autre chose d'une
valeur équivalente, lui et ses parents, sauf les enfants de ses
frères, deviennent les esclaves de ce prince ou de ce noble.
Quand bien même il tuerait l'adultère, ce ne serait pas considéré comme un crime. Si un hovas violait la femme d'un
parent d'un prince ou d'un homme noble, il devrait payer
huit bœufs ou devenir lui-même un esclave.

Lorsqu'un prince est malade, ils disent qu'il est « presque
chaud », et chaque homme du peuple qui a des bœufs lui en
apporte dans la mesure de ses moyens et lui en fait cadeau.
Ces bœufs sont alors amenés dans l'intérieur de la ville et
tués au profit des habitants. Aucun hovas ne peut entrer dans
la maison où se trouve un prince malade que l'on appelle
« lieu où se tient un esprit malfaisant (evil one). »

Ils ont différentes manières de mettre à l'épreuve, notamment l'ordalie de « Tanguin » ou « Tangena. » Les juges font
chauffer de l'eau dans un grand pot, et lorsqu'elle commence à
bouillir, ils ordonnent aux accusés de plonger dedans quelque
pierre, de manière à ce que cette pierre ne touche pas le fond
du vase où il a été premièrement mis quelques morceaux de
fer. Quand cela est fait, ils ordonnent à l'accusé d'amener
cette pierre hors du pot en l'attrapant avec la main gauche,
et il doit ensuite la garder sur la paume de la main pendant
quelques secondes ; c'est alors qu'il peut plonger cette pierre
dans de l'eau froide. Les accusés sont ensuite jusqu'au lendemain l'objet d'une surveillance attentive, et si à ce moment
leur main gauche n'est pas endommagée par des ampoules,

ils sont déclarés innocents. Cependant si l'un des accusés est le premier à annoncer que sa main est blessée, il est déclaré coupable et, comme il est accusé de forfaiture, il est obligé de payer l'amende. La main de l'autre ne s'étant pas couverte d'ampoules et l'accusé ayant souffert pour les autres, il est déclaré innocent et celui ou ceux qui l'on accusé sont obligés de lui donner un esclave. Ils peuvent ensuite se retirer et être en liberté.

Autre chose. La personne qui est soupçonnée d'avoir porté préjudice est amenée près d'une rivière où se trouvent beaucoup de crocodiles et où le peuple s'est rassemblé. Un homme, le sorcier, se tient debout devant l'accusé, il agite l'eau trois fois en s'adressant aux crocodiles comme à des amis : « Ecou- « tez, dit-il, ô vous crocodiles ; la plus haute partie de ces « eaux va par en haut et la source de ces eaux coule par en « bas. La partie supérieure est comme le créateur et l'eau « elle-même est semblable à vous, ô crocodiles ! Le voici, il « vous est abandonné par la main du roi. S'il est coupable, « laissez le courant aller par en haut, laissez le courant aller « par en bas et mangez-le immédiatement.

« Mais s'il est innocent, laissez-le sain et sauf et qu'il soit « un bonheur pour ses enfants, pour beaucoup et pour le « roi. Le roi ne doit pas le livrer sans raisons, pas plus qu'il « ne doit le détruire pour rien. C'est à vous, crocodiles, de « juger et de commander s'il doit être tué et ce n'est pas à « moi, dit le roi. Il n'a pas été pris en flagrant délit de mau- « vaise action, mais il en est seulement soupçonné et accusé « comme tel. »

On le fait alors traverser la rivière à la nage et puis revenir. Si dans ces deux trajets, accomplis successivement, les cro- codiles ne lui font aucun mal, ses accusateurs sont alors obligés de lui donner quatre bœufs. Le nageur en a deux pour sa part, le roi un, le sorcier ou juge, l'autre.

Les voleurs, les assassins, les meurtriers et les adultères, qui ne sont pas pris en flagrant délit mais simplement accusés, sont contraints à subir cette peine ou l'ordalie de la question.

Mais si ces meurtriers et ces adultères ont été pris sur le fait on les tue sur-le-champ, et les voleurs sont contraints de payer trois fois la valeur de ce qu'ils ont soustrait, ainsi qu'une amende au roi et au juge ou sorcier.

Lorsqu'un tanala de quelque importance vient à mourir on conserve son cadavre pendant un mois, et l'on peut lui voir les trait du visage pendant trois jours. Il est toujours revêtu d'habillements rouges, on lui met de l'argent dans la bouche et des anneaux aux mains, mais jamais on ne lui met rien aux pieds. Cet honneur est exclusivement réservé pour les rois et les chefs hovas. Lorsque cela est fait, on le place dans son cercueil et on le veille pendant un mois. Les veilleurs brûlent de la graisse pour chasser la mauvaise odeur. Lorsqu'on emporte le corps pour lui donner la sépulture, viennent d'abord sur le devant les porteurs devant lesquels d'autres hommes tirent des coups de fusil; les femmes viennent après, et, derrière elles, marche le roi. Dans le dernier rang du cortège se trouvent d'autres hommes avec des fusils et qui répondent par des détonations à celles de ceux qui marchent en tête.

Au bruit de ces coups de fusil, ceux qui portent le corps poussent des cris perçants, qui continuent jusqu'à co que l'on arrive au tombeau. Un homme se tient alors debout et dit en s'écriant: « Voici ce que vous gagnez, mais vous ne devez « pas suivre d'après la race de vos petits-fils, ses frères et « autres parents. Voyez-vous; car par là tout ce que vous « avez gagné. » On tire de nouveau un coup de fusil, mais aucun cri ne se fait entendre. On coupe un morceau de son vêtement et quelques-uns sont chargés d'arracher le côté gauche du fond de la bière, lequel est ensuite jeté de côté et près du tombeau à droite.

Le cadavre du roi est enterré le jour qu'il meurt, son décès n'est pas publié au dehors. On brise quelques fusils qui sont placés avec le corps sur la tête de sa femme et de ses enfants. Chaque bœuf, qui, dans le royaume, vient à beugler en ce moment, est tué au bénéfice de ceux qui enterrent ce roi.

Le cadavre est inhumé dans une maison en bois située

dans la forêt et le cercueil est fait avec du bois de « nato »
(arbre dont l'écorce produit une admirable teinture rouge).
Le couvercle est façonné en forme de toit et deux cornes
sont placées les pointes écartées de chaque côté. Lorsque
ce cercueil vient à pourrir, on en construit un autre et on
substitue également un nouveau linceul ; de sorte que tous
les rois de la même dynastie sont ensevelis dans la même
maison, mais chacun d'eux a son propre cercueil. Ils croient
que les morts viennent les visiter dans leurs songes, et avant
qu'une personne ne meure ils disent qu'un de ses ancêtres
est venu du fond du tombeau pour l'emmener.

Quand le corps a été enseveli et que le roi a ordonné au
fils du mort de prendre la place de son père, ce fils, accompagné de sa femme, sort de sa demeure avec d'autres hommes
et des femmes qui, complètement nus, marchent derrière lui,
les femmes en chantant et les hommes en tirant des coups
de fusil à six reprises différentes. Ce fils, sa femme et ceux
qui portent, traînent et conduisent leurs biens, viennent trois
fois autour de la maison du mort avant de commencer à en
prendre possession.

Le fils tue alors quelques bœufs de sa propre main, et
lorsque le sang commence à couler il trempe ses mains
dans le sang et touche ensuite chacun de ces hommes et de
ces femmes sur la poitrine. Il leur est alors permis de prendre
des vêtements. Les bœufs sont dépecés par morceaux, divisés
par parts et grillés de manière à ce que tout le monde puisse
en manger. Puis, en présence du peuple, le roi fait une pro-
clamation au fils qui prend la place de son père. Il s'exprime
en ces termes :

« O vous qui allez prendre maintenant la place de votre
« père, contemplez ce qu'il a fait avant vous ! Agissez avec
« bonté envers ses femmes, ses enfants, ses jeunes frères,
« ses parents, et qui que ce soit. Suivez les exemples et les
« idées de votre père. Mangez et rassasiez-vous. Mangez de
« ce que le peuple mange et aimez tous les parents de celui
« qui vient de mourir.

« Le soleil et la lune », disent-ils ensuite, « vont sur un côté
« du ciel. Il existe là un trou de chaque côté semblable à
« l'entrée noire d'une caverne. Ils sortent de ce trou quand
« le gardien en a retiré les verrous, traversent les cieux de
« manière à ce que tous les habitants de la terre puissent
« les voir ; puis, quand ils se sont ainsi montrés à tous, ils
« rentrent dans le trou situé à l'ouest. Lorsqu'ils sont rentrés
« dans ce trou situé du côté de l'ouest, ils s'élèvent de nouveau
« dans les cieux, en sortant de cette caverne par le trou qui
« se trouve à l'est. » « Le vent », d'après leur dire, « est le
« souffle des morts qui s'envolent vers les cieux ; et, ne
« pouvant plus habiter la terre, ils soufflent dessus. »

« Brisé avant la maturité » (*broken unripe*), est le nom
qu'ils donnent à ceux qui meurent subitement. Une mort
semblable est attribuée à la sorcellerie et, déclarent-ils, il
leur est incapable de trouver la personne qui a ensorcelé le
mort ; ils ne cherchent jamais ni n'examinent plus loin. Ils
consultent cependant le docteur ou devin qui, selon leurs
coutumes, examine les oracles. Lorsqu'ils sont prêts, le
devin ou docteur prend quelques boulettes de sable noir, il
en écrase une partie en morceaux excessivement menus et
fait une marque à quelques-uns d'entre eux. Rassemblant
ensuite tous ceux qu'il n'a pas écrasés et les mélangeant
avec ceux qu'il a marqués, il place le tout sur la tête du mort
et prend la parole en ces termes : « Celui qui portera pendant
un mois le vêtement appelé *lamba,* c'est celui-là le coupable ! » Ils pensent que la personne qui a ensorcelé celui
qui est mort subitement ne sortira que nue, c'est-à-dire sans
« lamba » ; et l'homme ou la femme que l'on verrait ou qui
serait pris sans ce vêtement pendant le mois qui s'écoulerait,
celui-là serait tué sur-le-champ ainsi que plusieurs bœufs.
Les entrailles, le fumier, le sang, etc., de ces animaux sont
brûlés comme n'étant pas même dignes d'être mangés par
les chiens.

Lorsque la viande de ces bœufs est cuite, ils font bouillir
du riz ; et, quand ce dernier est également prêt, ils mettent

cette nourriture sur de larges feuilles et quelques-uns d'entre
eux crient à trois reprises différentes : *Miko*, en disant :
« Nous demandons pour son cœur, nous demandons pour
« ses enfants et les femmes, ceux qui feront le profit pour
« nos enfants de nos pères et tout le peuple en général.
« Oh! viens et fais-nous du bien et des profits! Que le
« danger, que les sauterelles, que les pertes, que la grêle et
« que le mauvais vent ne viennent jamais plus visiter notre
« pays! etc., etc. Mûrissez, ô vous, riz et maniocs, mûrissez,
« douces pommes de terre, cannes à sucre si suaves, et vous
« aussi fèves, bananes, etc., etc. Miko! ô Miko! retourne
« dans tes maisons d'argent si belles et si éloignées et laisse-
« nous en paix! »

Le mets est alors tourné trois fois vers l'est, le sud et
l'ouest, puis porté dans des endroits où les personnes, hommes
ou femmes, sont assises par groupes de trois, cinq et sept
et tous tournés du côté de l'est.

Il y a un mois néfaste dans l'année de ce peuple. Il est
appelé « Faosa », et dans ce mois, personne ne se baigne,
personne ne travaille, personne ne change de « lambas » ni
même de place pour aller d'un autre côté. Si par hasard
quelqu'un se trouve sur la route ou dans les champs lorsque
ce mois commence, il doit y rester jusqu'à ce que ce mois
néfaste soit fini. Tous les enfants qui naissent dans ce mois
sont donnés en pâture aux crocodiles ou enterrés vivants
immédiatement après leur naissance.

Ils disent aussi, pas un, mais tous, qu'il existe dans les
lacs des « sirènes » ou « mermaids », qu'ils rapportent avoir
vues bien blanches avec de longs cheveux verts et des yeux
rouges. C'est seulement dans la partie la plus profonde de
leurs lacs qu'elles habitent et là où poussent en quantité de
longues herbes et des roseaux qu'on peut voir. Ces sirènes
possèdent beaucoup de bœufs aquatiques ayant de longues
crinières, et tous ces bœufs aquatiques vivent avec elles dans
le fond du lac où il y a beaucoup à manger.

Cette contrée est très riche en pierres précieuses et en

plomb. Le fer s'y trouve aussi en grande abondance et, de même que le cuivre, y est aussi commun qu'à Madagascar. Il serait donc superflu d'en faire mention de nouveau.

Il y a pourtant un endroit du pays que les Hovas gardent presque toujours à vue par ordre du premier ministre. Ils me dirent que là il y avait beaucoup d'or que la reine faisait prendre quand elle voulait, mais que personne ne pouvait y aller sans être porteur d'un laissez-passer de la reine et accompagné de soldats hovas.

IV

BETSILEONIAUS

Coutumes et funérailles.

———

L'on doit comprendre facilement que les diverses tribus, appelées *Betsileo*, qui habitent la portion sud du centre de Madagascar ont été en partie conquises par le roi des Hovas Radama Ier, et depuis ce temps elles ont toujours été sous la sujétion des Hovas.

Le peuple cependant professe une grande vénération pour ses princes héréditaires dont le nombre est considérable. Il est dans leurs mœurs de s'agenouiller devant ces princes à quelqu'endroit qu'ils se trouvent, soit à la maison, soit aux champs, à la ville ou au marché. Ce peuple est en général très intelligent et très doux; les plus belles poteries et les vêtements en « rafias » ou en lin sont faits par eux.

La majeure partie des esclaves hovas se composent de Betsileoniaus, et les Hovas eux-mêmes avouent franchement que cette peuplade professe une déférence beaucoup plus grande pour ses princes que pour la reine Ranavalo III elle-même. Telle est justement la cause de la jalousie et des mauvais traitements que les Hovas exercent envers ce bon peuple qui attend avec la plus vive impatience qu'une nation européenne, la France de préférence, vienne prendre le pays et les sortir de cette tyrannie sans bornes et de cet esclavage atroce et impie.

A la mort d'un de leurs princes ils font certes beaucoup de bruit.

Dans le village d'Ambato-finangerena, où réside un de leurs princes, était mort dans la matinée le petit-fils de ce dernier. Le peuple se trouvait dans un état de surexcitation extraordinaire et ce fut avec beaucoup de difficultés que je fus admis à assister aux cérémonies qui ont lieu en pareille circonstance.

Tout d'abord fut organisée une grande réunion à laquelle assistèrent tous les habitants des villages et hameaux avoisinants, et là, devant la résidence du grand-père de l'enfant, on nommait les noms de ses illustres ancêtres décédés. Ces noms étaient prononcés par un homme assez âgé, qu'ils nomment prêtre ou devin, qui était appuyé sur l'épaule d'un autre homme. Deux autres Betsileoniaus étaient placés à chacun de ses côtés, revêtus d'habits grossiers et malpropres, l'épaule gauche mise à nu et faisant quelques signes parfaits de Maîtres-Maçons.

A la dispersion du peuple, deux jeunes bœufs furent amenés des champs et conduits avec grand tapage dans une fosse de quinze à dix-huit pieds carrés devant la maison du vieil homme et au sud de celle où le mort était étendu. Deux hommes attachèrent alors leurs vêtements autour de leur ceinture et entrèrent dans la fosse pour lutter avec les bœufs. En très peu de temps, mais après des efforts inouïs, chaque homme avait terrassé son bœuf. Avec beaucoup de dextérité et en même temps avec beaucoup de cruauté, ils placèrent, ou, pour mieux dire, ils passèrent la jambe droite du bœuf sur sa tête et l'attachèrent à la corne gauche. Ils firent de même avec la jambe gauche qu'ils attachèrent à la corne droite.

Un petit couteau fut alors apporté avec beaucoup de cérémonie de la maison du grand-père du jeune prince, laquelle était bâtie près de la fosse, à l'est. Ce couteau fut aiguisé sur une des pierres formant la muraille de cette fosse, puis, un des bœufs fut égorgé avec la même formule de prières que font généralement les Mahométans ; mais avant de lui faire une profonde incision, le premier sang qui sort est recueilli sur le couteau et porté au grand-père qui le lèche. Le reste est répandu sur la pierre qui a servi à aiguiser le couteau. Ensuite et avec ce même couteau on fait à ce bœuf une profonde incision, d'où le sang coule avec abondance et on le laisse là baignant dans son sang enfermé avec l'autre qui vit encore.

Pendant le temps que les bœufs demeurent dans la fosse (environ deux heures) un grand nombre de préparatifs sont faits à l'intérieur et autour de la maison. Bientôt arrivent deux hommes avec des violons et un énorme tambour. Ils tournent tout autour de la maison en jouant les ballades les plus fantastiques qu'on puisse imaginer et en frappant des deux bouts et à grands coups sur cet immense tambour.

En même temps, hommes, femmes et enfants entraient dans la maison par une ouverture située au sud et en ressortaient par une autre située à l'ouest.

Cette maison était à un étage. Elle avait environ dix pieds de long sur huit de large avec deux ouvertures situées à deux pieds du sol à peu près, l'une au sud et l'autre à l'ouest.

Une procession de femmes sans autre vêtement qu'une natte de jonc attachée autour de la ceinture, leurs longs cheveux noirs ébouriffés et frisés, entra alors dans la maison par l'ouverture située au sud pour former le cortège funèbre du prince décédé. Tous les assistants sortirent ensuite par la porte de l'ouest et dans l'ordre suivant.

Ceux qui battaient du tambour et ceux qui jouaient du violon recommencèrent avec plus de force. Le bruit qu'ils faisaient fut encore augmenté par deux hommes qui avaient pris leurs postes dans la fosse au nord des deux bœufs. L'un frappait avec les doigts sur un tambour d'une nature grossière, d'une largeur moitié moins grande environ que la boîte à fromages de Californie, qui était pendue à son cou ; et l'autre soufflait dans une large coquille.

Il y avait d'abord un défilé de vingt et une jeunes filles d'un aspect charmant, portant chacune quelque chose et marchant

sur un même rang. Ce qu'elles portaient consistait en poteries
de différentes grandeurs achetées aux Anglais, en modèles et
en échantillons, depuis la petite théière jusqu'à la grande sou-
pière commune. L'une avait à la main un miroir de vingt-cinq
centimes, une autre une salière verte, quelques petits verres à
eau et à vin... etc. Celle qui marchait la dernière portait la
bouteille vide d'un remède américain, le « pain killer. »

Je pense et suis presque sûr qu'avec un franc cinquante centimes on aurait pu facilement, en Europe, acheter tout cet
attirail qui leur avait coûté, à eux, bien des dollars.

Alors s'avança une jeune fille, grande, propre, à la chevelure
peignée et retombant sur ses épaules délicates et nues. Un
« lamba » à raies rouges, vertes, jaunes, bleues et blanches
était retenu au-dessous de ses seins et retombait jusqu'à terre
en laissant voir ses charmants petits pieds. Elle portait sur
la tête le plus beau panier de joncs sur lequel s'enroulait une
natte de latanier la plus fine et de la plus belle qualité.

Venait ensuite un homme portant une petite hache et enfin
le cercueil, longue boîte en bois surmontée d'un couvercle en
forme de toit et recouverte de vêtements de différentes couleurs. Sur le devant, sur les côtés et sur le derrière étaient
alignés, en bon ordre, quarante solides anneaux en argent
massif pesant de huit à dix onces. Deux femmes enceintes
marchaient de chaque côté du cercueil, portant des queues de
bœuf qu'elles agitaient constamment au-dessus et autour de
la bière. Trois hommes s'avançaient alors, marchant de front
et portant trois vieilles femmes nues sur leurs épaules. De
chaque côté un autre homme leur tenait les pieds. Ces trois
femmes étaient les chefs pleureurs et leurs lamentations
étranges me remplirent d'un frisson que je ne saurais décrire.
Il me semble que je les entends encore et que je les ai tous
devant les yeux, notamment la belle jeune fille.

C'est dans cet ordre que le cortège quitta la maison et fit le
tour de quelques demeures situées au nord et à l'ouest de la
fosse où elle entra ensuite par l'ouverture située au sud-ouest.

Tous se rangèrent d'eux-mêmes autour des deux bœufs. On

apporta le cercueil sur le côté sud des bœufs et l'on fît halte. On apporta de nouveau un petit couteau avec lequel on coupa le cou du second bœuf.

La petite hache que l'on avait portée fut trempée dans le sang ; on enleva la couverture qui était sur le cadavre et l'on répandit ce sang sur la tête du mort dont le corps fut porté sur le cou de l'animal égorgé.

Les pleureurs, ceux qui frappaient du tambour, jouaient du violon ou soufflaient dans les coquilles, continuaient leur bruit pendant tout ce temps; puis, la procession sortit dans le même ordre qu'elle était entrée. Mais à l'arrivée du corps à l'entrée de la fosse un nouvel arrêt eut lieu.

Un homme se plaça alors sous la bière, on apporta deux bouteilles de rhum du pays et l'une d'elles fut répandue sur le cercueil tandis que ses compagnons recueillaient ce rhum dans le creux de leurs mains et le buvaient. L'autre bouteille fut partagée entre les hommes de la compagnie. Il n'y avait aucun vase d'apporté, mais chacun buvait comme il pouvait dans le creux de sa main.

Les tueries de bœufs et les festins continuèrent pendant deux jours et deux nuits. — Le troisième jour après la mort, le corps enfle; ils le retirent alors du cercueil et le roulent sur des planches jusqu'à ce qu'il devienne tout d'une pâte. Le quatrième jour deux autres jeunes bœufs sont tués ; leurs peaux ainsi que celles de ceux qui ont été égorgés antérieurement sont coupées en longues lanières. On dresse ensuite le corps debout contre le bois de la maison et on lui fait une incision sous la plante de chacun des pieds. Toute cette matière putride et liquide est recueillie dans deux larges vases en terre, et lorsqu'il ne lui reste plus rien de solide que la peau et les os, le cadavre est attaché avec les courroies à une poutre et laissé en cet endroit.

On prend ensuite un soin extrême de ces vases, et le corps ne peut pas être enlevé de la maison avant que l'on ne voie dans l'un de ces pots apparaître un petit ver qui, d'après ce que l'on m'a dit, met parfois deux et trois mois avant de se montrer.

Il est permis au ver de grossir pendant quelque temps.
Alors le corps peut être enterré et l'immolation des bœufs
est encore plus considérable.

Le cadavre est inhumé avec beaucoup de cérémonies et
le vase en terre dans lequel se trouve ce ver est également
placé dans le tombeau. Un long bambou est placé dans ce
vase et une ouverture est laissée à la tête de la tombe, de
manière à ce que ce bambou puisse sortir en dehors.

Après un laps de temps variant de six à huit mois, le ver
remonte à l'intérieur du bambou qui a été troué de part en
part et fait son apparition dans la ville. Ce ver est appelé
« Fanano » et est de la forme d'un lézard de couleur brune
tacheté de rouge avec de petits yeux blancs.

Pour lors arrivent les parents du décédé qui s'approchent
de cette espèce de lézard en disant : « Es-tu bien réellement
lui-même ? » Si le ver lève la tête, c'est un signe infaillible
que c'est bien le mort. On apporte alors le plat dans lequel
le défunt a mangé pour la dernière fois, on coupe l'oreille
d'un jeune bœuf et le sang est apporté sur le couteau avec
un peu de rhum mis dans le plat et placé devant ce « Fanano. »

Si ce dernier lèche le sang et le rhum, alors il ne peut plus
être conçu aucun doute sur son identité. « Allons alors dans
dans la maison », dit le peuple. On étend par terre un vêtement propre, le « Fanano » monte sur ce vêtement et on le
porte à travers la ville au milieu des réjouissances, des immo-
lations de bœufs et des festins. Le « Fanano » est ensuite
reporté à la tombe où il demeure et où il atteint parfois une
grosseur étonnante, et il est toujours considéré comme le
gardien de la ville.

J'ai vu cette espèce de lézard lorsqu'il était petit ; j'ai vu le
corps dans la maison ; j'ai vu le bambou dans le pot en terre
et j'ai entendu dire de la bouche même du chef, le prince
Ramatata, dont la mère était morte depuis quatre mois, qu'il
était impossible d'enterrer son corps parce qu'elle n'était pas
encore apparue de son vase de terre. Je sais aussi que près
de quatre mois après sa mort, le peuple de tout le district

n'avait pas encore été autorisé à bêcher ou à planter jusqu'à ce que le « Fanano » apparût. Je sais aussi parfaitement que plus de cinq cents bœufs furent tués pour elle pendant ce laps de temps.

Je me rappelle également avoir été la voir pendant qu'elle était exposée sur son lit de mort. Son corps avait été placé dans un cercueil recouvert d'un drap du lin le plus fin. Le plafond de la maison, d'une grandeur d'environ vingt pieds carrés, dans laquelle elle était exposée, avait été enlevé ; les murailles et le toit s'élevant jusqu'au plus haut sommet de la maison étaient aussi recouverts avec soin d'un lin excessivement fin, et le plancher des nattes les plus artistement faites que j'aie jamais vues dans aucune autre partie de l'île. Je pense que cette maison était la plus propre, à beaucoup près, de toutes celles que j'ai jamais contemplées à Madagascar.

Au milieu de la maison était placé le cercueil sur les côtés duquel se trouvaient près de cent anneaux en argent comme ceux dont j'ai parlé plus haut. Il y avait également quelques doublons espagnols et des pièces de vingt-sept nations incrustées autour du cercueil, des pièces anglaises de trois pence, des pièces américaines de vingt-cinq centimes et de vingt dollars, etc., etc.

En dehors de la maison se tenaient deux hommes frappant du tambour et une quantité de jeunes filles esclaves, admirables à voir, presque nues, aux formes magnifiques, occupées à gémir et à chanter.

On pourrait écrire bien des choses au sujet de leurs tombes. Elles sont creusées bien avant dans la terre ; quelques-unes d'entre elles atteignent même jusqu'à soixante pieds de profondeur.

Les tombes des riches ont environ de seize à vingt pieds carrés de largeur et sont presque à la surface de la terre. Les quatre murailles et le plancher en sont formés de cinq pierres énormes, apportées quelquefois d'une distance très grande et qui, pour être amenées en cet endroit, ont coûté un labeur et des peines incroyables. La construction la plus honorable est une masse solide de maçonnerie façonnée sur les pierres des tombes dont j'ai parlé plus haut.

Ces constructions sont généralement de forme carrée ou oblongue, hautes de six pieds et même davantage. Une corniche est ciselée autour du sommet sur laquelle sont placés les crânes de tous les bœufs tués aux funérailles, etc., etc. Ces crânes sont rangés avec régularité. J'ai vu un de ces monuments sur lequel il n'y avait pas moins de six cents crânes. Celui que j'ai vu disposé avec le plus de symétrie était un nouveau tombeau sur le carré extérieur duquel étaient réunis deux cent huit crânes de bœufs, placés dans l'ordre le plus régulier. Chacun de ces crânes avait appartenu à un bœuf dont les cornes avaient poussé en baissant. Il y avait également deux autres carrés de crânes arrangés derrière celui-là. « Ah ! » ai-je dit bien des fois en me maudissant et avec le plus grand regret, « que n'ai-je apporté d'Europe un appareil photographique et des plaques ! »

Puisque j'ai parlé d'anneaux en argent, je puis ajouter que le pays de Betsileo abonde en argent et autres métaux, notamment au sud et au sud-ouest, près des frontières d'Ibara. Le gouvernement hovas exploite plusieurs de ces mines.

V

LES IKONGOS

Guerriers, mœurs, etc.

Du temps où Radama Ier, roi d'Ismérina, faisait subir le pouvoir tyrannique des Hovas aux Betsileoniaus, quelques-unes
de ces tribus lui jurèrent obéissance en lui présentant le *Ha-
sina* (piastre de soumission). La tribu d'Isandra fut la première
à s'incliner sous le joug des Hovas, et depuis cette époque
elle a toujours été considérée par ceux-ci comme la plus
ancienne des tribus subjuguées.

La tribu des Jarindranos fut une de celles qui donnèrent le
plus de fil à retordre au roi d'Ismérina, et maintenant encore
elle brave et enfreint les lois de la reine Ranavalo III et de
son despotique premier ministre et mari Rainilaiarivony. Une
guerre plus ou mois active a toujours existé et existe encore
avec des succès variés, bien que les armes des Hovas aient été
de tout temps et soient encore actuellement de beaucoup supérieures à celles des Betsileoniaus.

La force de résistance dont jouit cette tribu peut être attribuée à la nature du pays. En effet, celui qui visiterait par
hasard la contrée qu'elle habite ne manquerait pas d'être frappé
par l'aspect des endroits escarpés et fortifiés naturellement
que cette peuplade a choisis pour y construire ses villages.

A quelques rares exceptions près, tous les villages des

Betsileoniaus sont situés sur des collines élevées ou sur le sommet de rochers dont l'accès est presque toujours d'une extrême difficulté par suite des contours et des sinuosités que l'on doit franchir pendant l'espace d'environ un quart de mille à travers d'épaisses forêts de raquettes ou figues de Barbarie. On ne saurait, en effet, y pénétrer les pieds nus ou le corps à moitié vêtu.

Ce qui vous étonne le plus n'est pas le mal que ces peuples ont pu donner aux Hovas, mais on est à se demander comment ces derniers ont pu les subjuguer lorsqu'on examine de pareilles fortifications créées par la nature elle-même.

Les Ilahanginas, renommés pour être la plus guerrière tribu des Betsileoniaus, sont toujours engagés dans de petits combats. Ils s'organisent en petites bandes de guérillas et font des razzias de bétail au préjudice des autres tribus soumises à la domination hovas.

Sur la frontière et formant la limite des Ilahanginas et des Jarindranos à l'est, se trouve la grande forêt de Madagascar qui s'étend depuis l'extrémité nord de l'île jusqu'à la partie la plus méridionale. C'est du moins ce qu'ont toujours cru MM. Grandidier, Cameron, Sibrée, Grainge, Richardson et Cowan (ce dernier est plus correct dans ses données sur le sudest). Mais je puis prouver qu'à part de très bonnes données de M. Grandidier, tout le reste est plus ou moins inexact.

Les peuplades qui habitent la région la plus méridionale de la forêt sont, sous beaucoup de rapports, bien différentes des autres tribus de la côte, soit d'un côté soit de l'autre des Betsileoniaus.

Leur physionomie et leur langage diffèrent complètement et ils ne savent presque pas comprendre la langue parlée par les Hovas.

On appelle Tanalas les peuplades qui habitent cette partie des forêts de Madagascar.

La partie nord du district de cette forêt est sous le gouvernement de Raovana, reine de Tanala, comme elle est appelée par tous les Betsileoniaus et par son peuple lui-même. Un peu

plus loin, au sud, existe une race d'hommes hardis et audacieux, les Ikongos, qui se réunirent en masse pour résister au
passage des Hovas chez eux et se soustraire à leur domination. Ils leur firent même essuyer successivement, en
diverses occasions, bien des échecs, et purent soutenir contre
eux d'abord un siège de dix-huit mois, puis un autre de douze.

Dans chacun d'eux les Hovas perdirent une quantité considérable d'hommes, et furent obligés de se retirer avec
honte. Cette tribu, composée de braves Malgaches, demeure
comme tant d'autres libre et insoumise aux Hovas.

Comme les autres tribus indépendantes du sud, elle a un
Roi ou une Reine, un premier ministre, des gouverneurs et
des juges pour diriger les affaires qui la concernent. « M. Des-
peroux, de la Banque Orientale de Maurice, est en sûreté au
milieu d'eux et considéré comme un chef. » La nature de leur
pays a grandement contribué à affermir leur esprit d'indépendance ; et leur hardiesse ainsi que leur courage ont été puis-
samment favorisés par l'isolement du pays où ils sont nés et
dans lequel ils ont été élevés.

La partie habitée d'Ikongo forme une vallée ou un bassin
long et étroit, dont l'étendue du nord au sud est d'environ
soixante milles et de vingt-cinq à trente milles à peu près de
l'est à l'ouest.

Elle est enfermée de tous côtés par une suite de collines
élevées qui font partie, à l'est et à l'ouest, du système général
des montagnes de Madagascar. Les monts les moins élevés au
nord et au sud s'élèvent en forme d'aiguillons à l'extrémité
des plus longues chaînes de montagnes.

De tous côtés s'étend une immense et magnifique forêt,
vaste, majestueuse et imposante, mais tellement épaisse
qu'elle est presque impénétrable. Les routes ou plutôt les
sentiers (seuls moyens pour voyager à Madagascar) sont si
étroits et couverts en telle abondance de petits arbrisseaux et
autres plantes touffues, qu'il est impossible à deux personnes
d'y marcher de front. La difficulté de voyager est encore
augmentée par la nature ardue du terrain, par les troncs

d'arbres renversés que l'on laisse toujours dans la même position où ils sont tombés, si bien qu'ils forment, dans certains cas, une barrière bien difficile pour ne pas dire impossible à franchir.

A l'est, la forêt est large d'environ dix-huit heures de marche, de sorte qu'elle forme, pour Ikongo, un rempart et une protection toute naturelle.

Pour un naturaliste, cette épaisse forêt vaudrait la banque d'Angleterre ; la végétation y est des plus luxuriantes. En s'arrêtant un instant dans quelques-unes de ces belles clairières où les rayons du soleil peuvent à peine pénétrer, on jouit de l'aspect le plus enchanteur. Mais, hélas ! une fois dans le fourré humide et à moitié obscur, personne ne peut se débarrasser d'un sentiment à la fois triste et effrayant, comme celui qu'éprouverait un prisonnier en se voyant enfermé dans le donjon le plus froid et le plus ténébreux.

On dirait que l'on est comme écœuré du superflu et de la trop grande abondance de cette riche production de la nature, et c'est avec un soupir de soulagement et un bonheur réel que le voyageur émerge de cette forêt, pour fouler la riche verdure des plaines plus basses ou les coteaux froids et arides des montagnes de l'ouest.

Par malheur, les Ikongos abusent trop souvent de cette belle forêt pour y faire des plantations de riz, de maïs, de patates, de haricots ou autres végétaux. Pourquoi, me suis-je demandé bien des fois, ce peuple brûle-t-il et abîme-t-il des arbres d'une si grande valeur qui pourraient être employés, avec tant de bénéfice, soit à la construction, soit à tous autres travaux, dans le seul but d'y planter du maïs ou autres produits qui pourraient être si bien cultivés dans tant de belles vallées ? Dans ces forêts, en effet, sont réunis le gommier, le caoutchouc, le bois de santal, le camphrier, l'asmalanga, arbre qui ne pourrit jamais ni en terre ni à l'eau, et qui, employé comme cercueil, a la propriété de rendre au bout de trois années les morts desséchés et intacts. Ceci a été prouvé par le Révérend Aass, missionnaire norvégien qui avait enterré sa femme morte en-

ceinte à Morandava. Trois ans après, en présence de MM. C.
Pépin, Taber, Grevé, Toussaint et Samat, ce missionnaire
trouva le corps et même les vêtements parfaitement intacts.
Le bois de Tatamaca et le bois d'encens y abondent, et au pied
de la chaîne de montagnes du côté ouest, l'or, l'argent et le
cuivre se trouvent en grande quantité.

La nourriture de ce peuple est pareille à celle des Betsileoniaus et des Hovas. Elle consiste en riz, manioc, patates, fèves,
arachides, maïs, bananes, bœufs, volailles, et en poissons qui
abondent dans les rivières. Toutefois, ils ne mangent ni les
moutons ni les porcs. Ces peuples disent que s'ils essayaient
de garder des pourceaux, ces derniers iraient bientôt rejoindre
leurs amis les sangliers et deviendraient sauvages à leur tour.

Il en est de même pour les moutons qui poussent, prétendent-ils, des cris semblables à ceux des enfants qui sont dans
la peine.

Leurs vêtements sont d'une description très facile. Ils sont
courts, et consistent en une espèce de natte tressée avec un
roseau tendre et poli appelé « harefo. » Ce roseau pousse en
telle abondance, qu'il forme le principal article de commerce
de ces peuples avec les Betsileoniaus sur la frontière ouest de
la forêt.

Quant au bétail qui s'y trouve en grande quantité, il se vend
sur la côte pour une valeur de sept francs cinquante centimes,
ou bien se troque contre des objets d'une valeur encore moindre. En un mot, il est l'objet d'un vol impie de la part des
blancs qui font le commerce dans ces régions. Les nattes qui
servent à l'usage des femmes ressemblent à un sac ayant une
ouverture aux deux bouts. Elles s'en revêtent en les faisant
passer sur leur tête; et ces nattes sont serrées autour de leur
taille par un morceau d'écorce. Pour les hommes, elles sont
cousues en forme de jaquettes, avec de petites manches qui
s'ouvrent sur le devant. Le vêtement destiné aux hommes et
aux femmes mariées ne dépasse pas les genoux. Quant aux
jeunes personnes non mariées, elles ne portent absolument
rien.

Ils ont, à propos des funérailles, des coutumes toutes particulières. Ils ne construisent pas de tombeaux comme les Betsileoniaus, les Hovas, les Sakalaves, les Antimoores, les Antenos, les Ibares et les Mafales ; mais enterrent leur mort sans
aucun cérémonial au pied d'un arbre fourchu, bien choisi pour
que la place reste dans leur mémoire.

Le transport du corps à la dernière demeure qu'il doit occuper est accompagné de gémissements et de cris de douleur
poussés par toute la famille. A certains endroits sur le chemin,
on dépose le corps sur le gazon, et on commence des scènes
de divertissements dans lesquelles la lutte et les exercices de
la lance tiennent le premier rang. Ils appellent l'enterrement
d'une personne : jeter le corps très loin sous la terre.

J'ai estimé leur population à environ huit ou dix mille âmes ;
cette population, en temps de paix, est dispersée sur toute la
surface du pays en petits hameaux de quinze à vingt cahutes
de forme ronde et basse. Mais lorsque le bruit de guerre leur
parvient, ils se réunissent tous ensemble dans leur forteresse
qui consiste en une montagne très élevée, terminée par un plateau, que cette peuplade guerrière et indépendante a nommé
Ikongo. C'est de ce mont que la peuplade a pris son nom : les
Ikongos.

La montagne est très abrupte sur tous les côtés, spécialement à l'ouest et au nord où elle a l'aspect d'une masse de
granit sombre et poli, et s'élève perpendiculairement à une
hauteur prodigieuse. Cette montagne a environ huit milles
de long sur quatre milles de large, et s'élève à quinze cents
pieds au-dessus du niveau de la plaine. Sur le sommet sont
cinq grands villages, dont l'un, celui du sud, est presque
aussi grand que Frananrantsoa, deuxième capitale des Hovas,
et contient des maisons très larges et excessivement com-
modes, bâties en pierre et en terre cuite, comme des briques
énormes ayant environ trois à quatre pieds de long sur deux
de large, et autant d'épaisseur. Il y fait très froid en hiver.

Deux cours d'eau prennent leur source près des villes situées au sud, et coulent tout le long de l'étendue de la mon-

tagne, descendant en brillantes cascades près des extrémités nord et nord-est.

La force de ce peuple qui ne sera jamais subjugué par les Hovas, même avec l'aide des missionnaires protestants Méthodistes, Évangéliques, appelés « les Indépendants », dépend principalement de ce qu'il peut défier avec succès toute espèce de sièges. Effectivement, ces peuplades peuvent planter et semer tout aussi bien sur le haut de la montagne que dans la vallée, et l'accès de ce mont est tellement difficile et étroit, qu'il n'est besoin que de quelques guerriers pour le défendre contre toute une armée assaillante que pourraient envoyer les Hovas. Ces derniers sont de beaucoup la tribu la plus cruelle de toutes celles de Madagascar, malgré la civilisation et l'aide du christianisme Méthodique que leur ont apportés ces braves missionnaires protestants anglais. Car il faut avouer ici que le principal chef de ces braves représentants de la parole de Dieu n'est autre qu'un ancien forçat, celui-là même qui avait donné la main à Rainilaiarivony, actuellement Premier Ministre et mari de la Reine, pour étrangler Radama II avec un mouchoir de soie rouge. Ce mouchoir, qu'il m'a été permis de voir, se trouve à l'heure actuelle dans une petite malle en cuir, et placé avec d'autres reliques et trophées dans le palais d'argent.

Cet homme, comme tous les autres, travaille plus pour la cause de ses concitoyens qu'à l'enseignement de la parole de Dieu.

Les maisons des gardes sont construites le long des crêtes et des arêtes de cette montagne et à de très courtes distances, dans les régions les plus accessibles. Chaque gardien est armé d'un vieux fusil à pierre de fabrication anglaise, et dans un état tellement mauvais, que je le considère comme tout aussi dangereux pour celui qui en fait usage que pour l'ennemi. De plus, tout espoir d'une attaque soudaine doit être rejeté d'une manière absolue, car toutes les routes qui aboutissent à la montagne sont dans un état continuel de la plus active et de la plus vigilante des surveillances.

Chaque village a ses propres chefs, ses juges et ses gar-

diens, bien qu'ils ne puissent compter chacun que cinq ou six
familles différentes. En voyage, chaque guerrier porte deux
et trois lances, et bien qu'ils fassent usage de fusils, leurs
lances sont encore leur principale arme offensive, et ils les
manient avec une habileté vraiment merveilleuse. Ils se servent aussi de boucliers en bois légèrement convexes, recouverts en cuir avec une poignée dans le centre intérieur, mais
sans attache pour les bras. En les maniant fréquemment, quelques-uns d'entre eux ont acquis une vigueur et une souplesse
de poignets vraiment remarquables.

La polygamie est en grand usage parmi eux, et le nombre
de femmes appartenant à un homme est déterminé par l'habileté qu'il déploie à les entretenir. Ratsimandrofina, leur roi, et
vingt autres que j'ai questionnés, en possédaient trente et même
jusqu'à quarante, selon la quantité de bestiaux et de maisons
qu'ils avaient en leur possession.

En causant avec un jeune garçon et une jeune fille, je fus
tout surpris d'apprendre qu'au lieu d'être frère et sœur, comme
je me l'étais figuré, ils étaient homme et femme mariés déjà
depuis quelque temps. Ils étaient tous deux enfants de chefs,
et possédaient beaucoup de bétail.

Leur religion consiste dans une grossière croyance en un
Etre suprême qui peut détruire et anéantir non seulement leur
personne, mais encore leurs troupeaux, leurs maisons et leurs
champs, soit en les écrasant par la foudre, soit en les noyant
dans les rivières qu'ils doivent traverser.

Le roi me raconta un jour qu'il était venu plusieurs missionnaires dans ce pays pour leur apporter la croyance d'un autre
grand Dieu, qui était, disaient-ils, Tout-Puissant. Lui et son
peuple les avaient écoutés quelque temps avec patience, mais
ayant trouvé que ces hommes blancs ne leur avaient apporté
que des niaiseries, des stupidités, des immoralités et des ca-
nailleries bien pires encore que les leurs, ils les avaient renvoyés d'où ils étaient venus, non pas pour leur apprendre de
bonnes choses comme ils s'en étaient vantés en arrivant, mais
bien pour les voler. Leur plus grand désir est de pouvoir écrire.

Ils étaient extasiés en me voyant griffonner quelques notes. Ils me disaient qu'ils me donneraient tous les bœufs et toutes les femmes que je voudrais si je pouvais leur apprendre à écrire, car c'était pour eux un grand embarras de transmettre leurs messages par paroles.

Ce mode de correspondance faillit me mettre dans un grand embarras et même me coûter la vie parce qu'on avait mal compris les nouvelles apportées par un messager que j'avais envoyé.

Il s'était, en effet, élevé tout d'un coup une rumeur qu'ils étaient à la veille de subir un siège fait par les Hovas, et que moi j'avais été envoyé comme un espion par Ranavalo III pour voir le pays et y empoisonner le roi. Des messagers furent dépêchés de tous côtés pour appeler les chefs à une grande réunion tenue par le roi en personne pour décider de mon sort. Je fus gardé à vue mais non arrêté. Mes porteurs de paquets ainsi que ceux de mon « filanzanoo » ou « chaise à porteur » étaient tellement effrayés qu'ils étaient sur le point de m'abandonner à mon malheureux sort et de regagner au plus vite leur demeure pour sauver leur vie.

Je pus cependant expliquer de mon mieux au roi et aux chefs que bien qu'ayant été au service de Ranavalo III, je n'avais plus aucun rapport avec elle et que j'ignorais ce que pourrait faire le gouvernement de cette vile et barbare nation que les Français si braves et si guerriers d'autrefois n'ont pas su subjuguer. Puis je réitérai mon premier rapport, leur disant que ma seule pensée, en venant au milieu d'eux, était de voir le peuple et le pays pour que je pusse raconter ensuite ce que j'avais vu à mon roi, qui habitait au delà des mers. Je leur fis entendre que mon roi était très puissant, qu'il possédait beaucoup de fétiches et savait aussi faire des armes qui tuaient aussi loin qu'on pouvait voir un homme ; que les Ikongos étaient les plus braves guerriers de Madagascar, puisqu'ils avaient pu jusqu'à ce jour défier les Hovas et garder leur indépendance.

Je leur assurai de même que je ferais tout mon possible

pour faire venir beaucoup de personnes de mon peuple habiter chez eux afin qu'ils pussent échanger tous leurs produits contre des fusils, des canons, de la poudre, des toiles blanches et rouges, et des colliers de toutes sortes. Je leur promis qu'ils échangeraient leur or et leurs autres matières minérales qui ne leur coûtaient rien et qui pour eux étaient d'une valeur bien moindre que leurs bœufs et leurs volailles contre toutes nos richesses.

Après trois longs jours d'agonie pour moi, pendant que durait la délibération qu'ils avaient entre eux et durant laquelle le rhum du pays fut largement mis en usage, ce qui les rendait terribles à voir, le roi me fit demander si je voulais me faire frère de sang avec lui. Puis, pour prouver que j'étais un bon guerrier blanc, je devais tuer un bœuf à une plus grande distance qu'ils ne le pourraient eux-mêmes. J'acceptai avec le plus grand empressement cette offre qui était, je crois, la seule chance que j'avais de sauver ma vie. Pendant qu'ils préparaient tout pour la cérémonie qui devait faire de moi un frère de sang, je fis attacher un beau bœuf à cinq cents mètres. Ils me regardèrent en riant et me demandèrent si j'étais un second Dieu ou si j'avais un fétiche assez grand pour me faire tuer ce bœuf à une telle distance.

Je leur répondis que je n'étais que leur ami et que, pour prouver ce que je disais, le grand Dieu de mon roi me ferait tuer le bœuf à cette distance et leur prouverait par là que je voulais et désirais rester toujours leur ami.

J'avais la plus grande confiance dans mon « Martiny Henry à balle explosive », arme de perfection et de précision qui ne m'avait jamais fait défaut. Je leur dis que c'étaient des armes semblables que mes compatriotes leur apporteraient pour échanger contre leur or, leur argent et leurs pierres précieuses.

Aucun des guerriers ikongos ne voulut essayer son adresse sur le bœuf, et le roi me dit que lui et ses chefs m'attendaient. Je répondis au roi en lui désignant un autre bœuf attaché à terre et qui devait servir à la cérémonie de frère de sang, que la balle de mon fusil frapperait l'épaule de celui qui était à cinq cents mètres et qu'il tomberait. Je mis un genou en terre et assujettis ma bonne et fidèle carabine. Pourtant, il faut l'avouer, j'eus un certain petit frisson en pensant que si je venais à manquer le bœuf je serais peut-être perdu. Je fis feu et ma balle frappa, peut-être par bonne chance, juste à l'endroit que j'avais désigné.

Après que le roi et les chefs se furent convaincus que j'avais dit la vérité, ils poussèrent des cris atroces, jetant leurs assagaies en l'air, luttant, se bousculant, et me portèrent presque en triomphe sur leurs épaules. Ma carabine était devenue un fétiche de premier ordre. Tout le monde la regardait, mais personne n'osait y toucher. Ils semblaient avoir pour elle une profonde vénération.

La cérémonie de frère de sang se passa avec un tapage infernal, coups de fusil, gesticulations, cris, sons de trompe dans des cornes de bœufs et chants variés. Des bœufs furent tués et mangés et le rhum versé en grande quantité. Et moi « libre », respecté par tous comme un chef, j'avais dès ce jour mon passe-port pour traverser tout le territoire. Bien plus, j'avais tous les droits d'une garde d'honneur pour me rendre chez les autres rois, reines, princes, princesses ou chefs.

Quatre jours passés dans ces fêtes furent pour moi d'une longueur interminable. C'étaient cependant de braves gens, sauvages dans toute la force du terme il est vrai, mais que le rhum avait changés en véritables démons.

Enfin le cinquième jour, au matin, mon frère de sang, le roi, nomma un de ses chefs pour m'accompagner. Il me donna également une escorte composée de vingt-cinq de ses meilleurs guerriers. Il nous fit en outre présent de provisions pour plusieurs jours avec ordre de prendre dans chacun des villages où nous passerions tout ce que nous voudrions non seulement pour notre route, mais même pour en avoir en surplus, de manière que les autres chefs chez lesquels je devais me rendre, pussent voir que le peuple d'Ikongo n'avait pas laissé souffrir un chef blanc, grand guerrier, et qui était devenu frère de sang du roi.

Ce dernier suspendit en personne à mon cou une dent de crocodile en me disant que cela m'empêcherait d'être fatigué et d'avoir les fièvres.

VI

LES IBARAS

Leurs mœurs, leurs mines, etc., etc.

───────

Tout le pays d'Ibara doit être considéré comme très montagneux, comparativement à celui d'Ismérina qui possède en abondance des monts et présente en général une surface onduleuse ; tandis que, dans le pays d'Ibara, beaucoup de montagnes présentent, à une distance de trois jours de marche environ, un aspect qui vous étonne et qui vous frappe. Isiafalala, ainsi que toute la chaîne de montagnes qui s'y rattache, et qui domine à l'ouest Ikalavoniny, est, avec ses sommets resserrés, l'endroit le plus en relief de toute la partie sud de Manauandawa. Il y existe en outre des monts élevés, isolés, taillés en précipices, qui forment la principale hauteur que l'on peut distinguer d'une assez grande distance et qui, en temps de guerre, est considérée comme une citadelle et une place forte. Il ne m'a jamais été permis de faire l'ascension d'aucune de ces montagnes, mais je suis monté sur d'autres, très proches d'Iferanary, au nord d'Ijakakana, ville du pays d'Ibara, à laquelle il est excessivement difficile de parvenir. La montagne sur laquelle elle est construite est, en effet, à la fois haute et taillée à pic de chaque côté, et je puis dire que Midoungy forme la cinquième place forte de Madagascar.

Cette place est fortifiée par la nature et ressemble assez de loin au rocher de Gibraltar. Il y a deux passages pour arriver au sommet de Midoungy, et cent hommes bien approvisionnés pourraient à eux seuls soutenir un siège pendant plusieurs années ; car sur le haut de cette montagne se trouvent trois grands plateaux, cinq sources, beaucoup de bois, des raquettes ou figues de Barbarie, de jolies plantations faites par les Hovas et enfin un troupeau de deux cents bœufs, ainsi que des cochons, des cabris et des volailles. On y voit également les tombes des anciens rois et la place où ces rois tenaient leur conseil.

Un grand nombre d'autres points culminants frappent l'étranger qui pour la première fois visite Ibara. Le pays situé à l'est a des élévations plus hautes généralement que celles qui sont situées à l'ouest, et forme de cette manière, pour ainsi dire, le déversoir des cours d'eau du pays.

Les rivières et tous les cours d'eau, très nombreux et d'un grand secours pour cette partie du pays, coulent généralement vers l'ouest et le nord-ouest. Dans le pays d'Ibara il n'y a pas une seule rivière à couler vers l'est ; toutes se jettent dans le canal de Mozambique, et bien qu'en général elles ne soient pas navigables pour un long trajet à cause de leurs nombreux courants et de leurs cataractes, quelques-unes d'entre elles n'en forment pas moins des cours d'eau spacieux et magnifiques. Leur profondeur est considérable, notamment dans la saison des pluies. Quoique leur cours à travers le pays d'Ibara ne s'exerce que sur une très courte étendue de terrain, chacune d'elles n'en reçoit pas moins de nombreux tributaires parmi lesquels se trouvent même des rivières assez considérables. Le Masiotata est également une splendide rivière, bien qu'une croyance provenant de la superstition de ce peuple empêche de naviguer dessus en pirogue. C'est peut-être là un des plus grands obstacles qu'éprouve le voyageur pendant la saison des pluies.

Lors de mon voyage à la côte, le seul moyen de faire passer mes bagages fut de les placer sur de larges cruches ou bas-

sins en terre cuite qu'ils fabriquent très bien et dont ils se
servent de la manière suivante : un peu de paille est mise
au fond et le paquet du voyageur est placé sur cette paille.
Ensuite l'homme à qui appartient cette cruche la pousse
dans l'eau devant lui. Quand la rivière devient plus profonde,
il nage généralement à son côté et la pousse tantôt avec la
main et tantôt avec la tête.

Les fontaines, les sources qui y abondent en quantité et
que l'on rencontre dans presque chaque petit vallon, sont
pour la plupart composées d'une eau douce, très agréable à
boire, et il est excessivement rare d'en rencontrer une seule
dont l'eau soit âcre à la bouche. Elles existent en grande
abondance dans la capitale tout aussi bien que dans le pays
des alentours d'Ismérina ou Antananarivo.

Le pays d'Ibara a eu longtemps la réputation d'être très
riche en minéraux de toutes sortes et je dois avouer que c'est
la pure vérité. Les ardoisières y sont très grandes et peut-
être que si elles étaient exploitées convenablement, le ren-
dement serait beaucoup plus considérable et qu'elles deviendraient une source de richesses pour le pays. Quelques
charmantes poteries d'argile d'un bleu tendre se trouvent
dans différentes parties du pays, et les Ibaras qui en fabriquent leurs pots et leurs autres ustensiles de ménage les
trouvent de beaucoup supérieures à toute autre. Ce qui est
très étonnant c'est que, quand le pot est chauffé au feu, afin
de le rendre propre au service, il tourne tout en rouge et
devient on ne peut plus dur. Ces poteries si bien travaillées
par les Ibaras sont, à mon avis, de beaucoup supérieures
à celles que l'on fabrique ailleurs dans l'île, hormis cependant une certaine poterie faite par les Betsileoniaus.

Le fer s'y trouve aussi en abondance et d'une très grande
pureté. Il est, par là même, excessivement facile à travailler
et les articles qui sortent des mains de ces forgerons de la
nature sont tous de qualité de premier ordre. Lorsqu'il a été
forgé, ce métal produit des couteaux d'un fort bon usage,
des haches, des fers à rabots, des ciseaux et autres objets

en général assez durs pour être aiguisés et rendre de grands services.

On trouve aussi de l'or à la surface de la terre après la saison des pluies, et, dans certains endroits où l'on a un peu fouillé le sol, on rencontre du plomb de bonne qualité. On trouve également du cuivre en quantité considérable dans différents endroits de la partie ouest du district où il est enfermé à la surface.

Les Ibaras travaillent le fer et le cuivre et sont très habiles à fusionner des échantillons de cuivre dans la flèche en fer de leurs assagaies et de faire en cuivre la tête des petits clous qu'ils mettent comme ornement au bois de leurs fusils à pierre.

La maison du chef le plus puissant est construite en pierres de granit dont les carrières, en ce pays, sont inépuisables. Ces granits sont à la fois rouges, gris et noirs. Dans l'ouest, on en rencontre de gris en quantité considérable dont la majeure partie est employée pour l'ornementation du haut des maisons. On y trouve également de petites pierres rouges, vertes, bleues et jaunes, bien transparentes et d'un beau brillant, ainsi que quelques calcaires.

Le quartz y existe aussi en grande abondance et est répandu dans presque toutes les directions ; on y rencontre de même quelques cristaux tout aussi transparents que le verre le plus limpide. Diverses autres roches s'y montrent en quantité considérable, mais je n'ai pas souvenance d'y avoir jamais vu ni des basaltes, ni du marbre. Dans presque toute cette province, on trouve de l'or, de l'argent et de l'antimoine, mais il n'y a personne à vouloir travailler la terre pour en retirer ces métaux. Les naturels vous disent que cela est « fali », c'est-à-dire défendu, et qu'il ne leur est pas permis d'y toucher ; que s'ils ne se conformaient pas à cette défense de l'Etre Suprême que leurs ancêtres ont toujours respectée et à laquelle ils ont su obéir, ils s'exposeraient alors à être affligés d'une mort soudaine et terrible par ce grand Roi d'en Haut, Dieu.

La richesse minérale d'Ibara est réellement digne qu'on y

fasse attention, car ce que j'en connais n'est que ce que j'ai rencontré à la surface de la terre. Un jour où plusieurs Européens, bons mineurs, qui se rendraient chez les Ibaras avec une valeur d'environ cinq mille francs en toile, vieux fusils à pierre, poudre, glaces et autres articles d'échange, pourraient, en les donnant au roi et aux autres chefs, obtenir la concession pleine et entière de faire eux-mêmes des fouilles et d'emporter tout l'or et autres richesses qu'ils voudraient.

Comparativement aux Hovas, ce peuple renferme beaucoup plus de gros hommes. La grosseur moyenne des hommes et des femmes est plus grande chez eux que dans le nord. Leur hauteur ordinaire n'est pas moindre de six pieds pour les hommes et de quelques pouces de moins pour les femmes. Ils ont les os et les muscles très forts et la couleur de quelques degrés plus sombre que celle des Hovas. Leur front est bas, leurs yeux larges, beaux et bien taillés; leur nez est moins plat et leurs lèvres bien moins épaisses que celles des Hovas. Très peu d'entre eux portent la barbe, mais quand par hasard elle vient à pousser, ils ont l'habitude de l'arracher avec des pinces par rapport peut-être à leurs lèvres pincées et à leur bouche bien fermée.

La moralité des Ibaras est de beaucoup en avance sur celle des Hovas et la proportion des maladies provenant de la dissolution des mœurs beaucoup moindre en ce pays qu'à Ismérina. J'ai constaté moi-même que le nombre des personnes qui souffrent des maladies alliées avec la syphilis et qui cherchent du soulagement est dans la proportion d'environ dix pour cent dans le pays d'Ibara, tandis que dans celui d'Ismérina on a prouvé que cette proportion s'élevait à soixante-quinze pour cent.

- Ils sont tous aussi faux et aussi menteurs que les autres tribus de Madagascar. Ils ne peuvent cependant pas être comparés avec les Hovas qui, imbus depuis longtemps des principes de la civilisation, ont hérité des vices et des turpitudes qui s'y rattachent, lesquels, ajoutés à ceux de leur propre nature, en font des astuces et des hypocrites de premier ordre, surpassant, en tout et pour tout, les autres peuplades indépendantes de la grande île de Madagascar.

Il est excessivement difficile de mesurer la valeur de leurs pensées et de leurs intentions. Lorsqu'ils ont l'air d'acquiescer à ce que vous leur demandez, ils n'ont pas la moindre intention de faire cette chose, mais bien le contraire, et de vous voler, s'ils le peuvent, tout en vous cajolant et vous traitant comme un prince.

Les Ibaras ont été surnommés les « Guerriers », et tous les mémoires prouvent qu'ils sont effectivement un peuple belliqueux et querelleur. La plus petite de leurs villes est admirablement fortifiée, pourvue de corps de garde, et cela afin qu'avec ou sans protection la peuplade d'un village puisse s'armer et se précipiter sur un village voisin, enlevant tout ce qui lui tombe sous la main, bestiaux, récoltes, volailles et jusqu'aux enfants pour en faire des esclaves.

Les chefs de plusieurs villages se liguent pour se battre contre ceux d'autres villages de la frontière, et c'est ce qui explique le grand nombre d'esclaves que possèdent actuellement les chefs d'Ibaras.

La majeure partie de ces esclaves sont des Betsileoniaus, il n'y a que très peu de Sakalaves et bien moins encore d'Ibaras et d'autres tribus.

Je connais un chef, « Jadranaka », qui possède actuellement environ deux mille esclaves, et lorsque je fus devenu son frère de sang, il me fit présent de cinquante jeunes filles et garçons avec cent bœufs qui, à l'heure actuelle, m'attendent et s'accroissent.

L'amour des richesses si universellement répandu chez les Hovas n'est nullement considéré parmi les Ibaras dont la principale fortune ne consiste qu'en troupeaux et en esclaves. Ils n'ont rien, pour conclure un marché, de cette ténacité et de cette opiniâtreté que l'on remarque à un si haut degré dans le caractère des Hovas ; ils sont, au contraire, simples et sans soupçons dans leurs ventes comme dans leurs achats dont la majeure partie se fait au moyen de l'échange. Je dois ajouter que non seulement les Ibaras sont volés ouvertement tous les jours par les traitants de la côte auxquels ils s'adressent, mais que bien souvent aussi ils perdent leur liberté et sont vendus à Nosy-Vey pour être envoyés à l'île Bourbon et y être revendus comme engagés volontaires.

Quoique les Ibaras possèdent d'innombrables défauts, je dois pourtant dire qu'ils sont très hospitaliers, et que si les voyageurs qui traversent le pays d'Ibara subissent des ennuis considérables en raison de ce qu'à leur approche toutes les portes se ferment et qu'on ne voit plus personne dans le village, cela provient de ce que ces peuplades ont été trop souvent trompées par les blancs de la côte et « probablement par les missionnaires » qui avaient visité une partie de leur pays. Cependant ils reviennent bien vite de leur peur, non sans toutefois éprouver une certaine timidité et une tristesse toute naturelle.

Dans un tout petit village où je m'étais arrêté pour me reposer et déjeuner, beaucoup de femmes accoururent et se mirent à genoux devant moi en me disant, les mains jointes : « O Blanc, pourquoi viens-tu avec tous tes guerriers voler nos « enfants ? Vois, ils sont trop petits et nous autres trop « vieilles. Laisse-nous vivre en paix, ô blanc, nous te donne- « rons des bœufs, mais ne prends pas nos enfants. » — Il m'a fallu assez de temps pour persuader à ces malheureuses que je ne venais que pour voir leur pays et leur manière de vivre, chose que, malgré tous leurs efforts, elles ne pouvaient comprendre. Elles se réjouirent en me voyant partir, quoiqu'au fond de leur cœur elles devaient penser que je retournerais le soir pour les surprendre.

Il n'y a donc aucun doute que ces peuplades aient été pressurées et imposées par des escrocs, aussi peu scrupuleux que les Hovas et revêtus du déguisement de messieurs les missionnaires évangéliques, ainsi que par les traitants qui sont entrés dans leur pays, leurs villages, leurs maisons, et qui y ont enlevé les enfants pour être ensuite vendus comme esclaves

au marché qui se tient tous les samedis dans la capitale, Antananarivo, ou envoyés à Bourbon, comme engagés volontaires.

La crainte et la terreur qui règnent dans l'esprit des habitants des villages éloignés est tellement grande, qu'ils ne parlent qu'en tremblant des « Vaza » ou « Frass », « hommes
blancs », et des Hovas, appelés « Ambaniandros. » Ils s'en
servent comme de croquemitaines pour effrayer les enfants.

Ces peuples traversent parfois des milles entiers pour aller
visiter un malade lorsque la maladie présente un simple caractère dangereux. Aux funérailles, ils se croiraient déshonorés,
s'ils ne rendaient au défunt tous les honneurs possibles en
faisant de grandes dépenses, soit pour les fêtes qui ont lieu
à cette occasion, ou pour le « lambas » ou drap qui sert à
l'ensevelir et pour la large tombe qui doit le recevoir, ainsi
que par la quantité de bœufs qu'ils tuent en de pareilles fêtes.

Au point de vue intellectuel, les Ibaras ne le cèdent en rien
aux Hovas, bien qu'ils leur soient inférieurs comme talents.
Cela doit provenir de leur peu de relations avec les étrangers ;
mais l'on doit ajouter que, bien que privés de la civilisation
européenne, ce sont des peuples chez qui les habitants de
l'Europe sont toujours reçus avec bonté, et chez lesquels ils
trouvent une véritable hospitalité.

Les maisons des Ibaras ont ce caractère spécial : c'est
qu'elles sont chaudes, petites, mais non d'une excessive pro-
preté. Pour parler de la généralité, ce sont des constructions
de bois ou de bambous fendus et tressés. L'intérieur en est
plâtré de manière à empêcher toute ventilation. Quelques-unes
d'entre elles sont ornées de poulaillers, faits de petits bambous
tressés ensemble, et placés au sud de la cheminée à côté du
pot à l'eau. Lorsque les veaux sont encore en bas-âge, ils sont
quelquefois honorés d'une place à l'intérieur de la maison ;
cette place est clôturée près de la porte et placée entre cette
dernière et le foyer. Quant aux porcs on ne les admet jamais
au delà de l'entrée de la maison.

Aucune ornementation n'y a jamais été essayée, si ce n'est
quelques sculptures faites au pieu situé au milieu et servant

d'appui au toit, à la devanture et, au besoin, aux volets de la
fenêtre et à la porte.

Pour les maisons des chefs, elles sont plus grandes, quelquefois sculptées plus soigneusement, et on y remarque une
habileté naturelle beaucoup plus considérable.

Les villages d'Ibara sont généralement construits sur le
sommet des montagnes les plus hautes et dont l'accès est des
plus difficiles, ou au milieu d'épaisses forêts. Les entrées de
leurs villages sont généralement, pour ne pas dire toujours,
très étroites et très obscures. Elles se font par deux ou trois
portes très petites. De chaque côté de l'entrée et de manière à
entourer tout le village, existent d'impénétrables barrières de
« prickly pears » ou « figues de Barbarie. » Autour de chacun
de ces villages sont des fossés larges, escarpés, taillés à pic
et d'une largeur de dix à douze pieds.

Sur la frontière nord-ouest d'Ibara se trouve un petit village
appelé Itsararanoro, qui était jadis une grande ville avec une
nombreuse population du temps de la reine Ranavalo I, sous
le règne de laquelle un chef des Hovas l'attaqua à main armée
et fit le siège de cette ville. N'ayant pu s'en rendre maître par
l'assaut, il la mit en état de siège, la cerna de tous côtés et
résolut de vaincre le peuple par la famine.

Au lieu de se rendre, les braves Ibaras préférèrent endurer
toutes les privations et moururent de faim énergiquement jusqu'au dernier en leur résistant. Si bien que, lorsque l'armée
des Hovas, commandée par Ramiaudrivola, XVe Honneur,
entra dans le village après neuf mois de siège, elle n'y trouva
plus une seule personne vivante : hommes, femmes, enfants,
animaux, tout était mort. C'est pourquoi, à l'heure actuelle, les
cavernes et les grottes des rochers où était placé ce village
sont remplies de squelettes humains.

Je fis dire au chef que je venais lui rendre une petite visite
avant de quitter son pays si charmant et son peuple si bon ;
que j'allais de nouveau m'en aller au delà des mers rejoindre
mon roi et mon peuple ; que je leur raconterais combien tous
les Ibaras avaient été bons pour moi ; que j'amènerais quel-

ques-uns de mes compatriotes vivre au milieu d'eux, et que
j'avais été tellement bien reçu par lui et ses sujets que je res-
terais trois jours de plus dans le village. Car, il faut l'avouer
ici, mes compagnons s'étaient rendus malades à force de
manger et de boire. Le chef me donna un autre magnifique
dîner composé de volailles, de canards, de dindons, de riz, de
manioc, de plantains, d'œufs, de poissons, de maïs, de miel
et d'un bœuf en entier.

Ce fut donc avec un profond regret que je quittai Itsararanoro
et ce charmant chef Babanika devenu mon frère de sang, et
particulièrement le pays et la peuplade des Ibaras pour m'en
aller chez les Antenos.

Mon nouveau frère de sang « Babanika » me donna vingt-
cinq guerriers de plus pour m'accompagner, et nous ne nous
séparâmes que cinq jours après. En me quittant, ils me firent
bien promettre de dire à mon roi de venir le plus tôt possible,
et de s'emparer de leur pays, parce qu'ils désiraient des
hommes blancs qui viennent d'au delà des mers avec de longs
fusils, mais qui ne sont pas semblables à ceux qui vivent chez
les Hovas ou sur les côtes, et qui ne sont tous que des gens
pervers, aussi mauvais que les Hovas.

La manière dont les Ibaras peignent et arrangent leur chevelure diffère complètement de celle des autres tribus où j'ai
passé. J'ai remarqué qu'ils ne se la lavaient qu'une fois par
mois, et qu'alors ils la roulaient en boules, dont la grosseur
varie entre celle d'une bille dont s'amusent les enfants et celle
d'une orange ; mais ils l'arrangent toujours en forme de boules. Après avoir bien roulé et attaché leurs cheveux, ils les
enduisent alors grossièrement de cire et de graisse de bœuf ;
de manière à ce que, quand ces papillotes de forme ronde sont
bien graissées avec cette espèce de pommade ou plutôt de
ciment, toute nuance de cheveux disparaisse et ne laisse plus
voir que des boules de couleur jaunâtre.

Je me suis bien souvent demandé comment ce peuple, auquel l'usage de l'oreiller est encore inconnu, peut dormir avec
une tête arrangée de cette façon.

VII

LES ANTENOS ÉMIGRÉS

Mœurs, coutumes, etc.

———————

Après trois jours de marche à travers des forêts épaisses
et des plaines immenses qui, jusqu'à ce jour, sont restées
inconnues à tout homme blanc, j'arrivai en vue du village de
Mafouritso, où les Antenos mènent une vie excessivement
paisible. Leur manière de vivre diffère cependant beaucoup
de celle des autres peuples de la grande île de Madagascar.

Ils ne font pas usage de monnaie comme leurs compatriotes
de l'est, du nord et du nord-ouest. Les volailles, les bœufs
et autres bestiaux forment leur principale richesse. Comme
vêtements, ils portent, ainsi que tous les autres peuples de
Madagascar, une espèce d'étoffe faite avec les feuilles les
plus tendres du rafia ou avec du chanvre qu'ils récoltent en
grande quantité. Ce vêtement est appelé « lamba » ; il est
presque toujours d'une longueur d'environ six pieds, sur trois
de large. Ils le portent comme une ceinture roulée autour
de leur corps, les femmes mariées s'en entourent la poitrine
et les jeunes filles ne le portent que depuis les reins.

Leur nourriture est excessivement simple et ne se compose
presque exclusivement que de bananes, de plantains desséchés au soleil, de yams ou « cambanes sauvages » qui
poussent en grande quantité dans les forêts, de maniocs,

de taroulles (espèce d'arrowroot), de cannes à sucre, de miel, etc.

Bien que possédant une grande quantité de bétail, il est très rare qu'ils en tuent, excepté pour les jours de funérailles, de mariage, de réception, et dans les cas de maladie. Mais alors ce n'est plus une tuerie, mais un énorme massacre de poules, de bœufs, de canards, d'oies et de dindons!!

Leurs maisons ont environ neuf pieds de long sur six de large et sont assez hautes pour qu'un homme de haute stature puisse facilement s'y tenir debout.

Comme physique, ils se rapprochent beaucoup du type indien. Ils ont une chevelure noire et très longue, des pieds et des mains excessivement petits. Les femmes tressent leur chevelure et la laissent tomber naturellement, quelques-unes d'entre elles ont tellement de cheveux qu'ils retombent quelquefois jusqu'à terre. Les hommes les roulent et en forment comme une sorte de turban à l'entour de la tête.

Chaque maison est entourée d'une espèce de clôture en guise de remparts, et le village est lui-même environné d'une grande enceinte en dehors de laquelle on plante la raquette (ou figue de Barbarie) et une grande quantité de « pions d'Inde. » Au nord de cet enclos est une autre place également fortifiée, et c'est là qu'à la tombée de la nuit ils renferment le bétail comme dans un parc; du côté sud du village se trouvent les poules, les canards, les dindes, les oies, etc., etc.

Les Antenos sont très amateurs de chiens et généralement en possèdent beaucoup; ces chiens tiennent de la race du roquet sauvage et ont des oreilles longues et pointues et presque toujours les yeux gris ou rougeâtres.

Les Antenos font leur cuisine dans des pots en terre noire et mangent sur les feuilles de l' « arbre voyageur » qui abonde dans leur pays.

Lorsque je fis connaître au chef l'objet de ma visite, je fus reçu par lui et son peuple avec une grande affabilité, et après m'avoir donné un très bon repas composé de maniocs, de plantains, de miel et de yams, il dépêcha plusieurs de ses

serviteurs vers un autre chef plus puissant qui avait été, me
disait-il, au delà des mers, dans le pays des blancs, et était
capable de causer avec eux et de parler leur langage. Ce chef
était revenu depuis trois années du pays des blancs et était
vénéré de beaucoup d'autres chefs plus anciens que lui, parce
qu'on le leur disait savoir tout faire comme un homme blanc.
C'est pourquoi des ambassadeurs furent envoyés pour l'avertir
que j'étais arrivé dans leur pays pour les visiter et les aimer.

Les mœurs des Antenos sont plus ou moins bizarres.

Il pousse dans leur pays une grande quantité de tamariniers
qu'ils appellent « kily », et c'est toujours à côté de ces arbres
énormes qu'ils construisent, en général, leur demeure. La
maison du chef est toujours bâtie au pied du plus grand et du
plus gros de ces arbres. En été, lorsqu'il est presque midi, ils
restent habituellement sous ces arbres à cause de la grande
chaleur; mais, en hiver, chacun d'eux reste dans sa propre
demeure. Si l'un des habitants du village vient à mourir sous
un de ces arbres, il n'est jamais enseveli, mais laissé dans la
même position qu'il avait lorsqu'il a rendu le dernier soupir.

J'ai acquis la certitude de ce que j'avance, car il y avait un village abandonné dans lequel les cadavres de deux personnes
encore reconnaissables se trouvaient étendus au pied d'un tamarinier ou kily. Le village qui avait dû exister en cet endroit
devait se composer d'une cinquantaine de maisons environ.
Mais, hélas! tout s'en allait en décombres et en ruines, pas
une seule charpente ne restait debout. A la vue d'un pareil
spectacle, je demandai à mon ami le chef qui m'accompagnait
pour quelle raison un village semblable avait été déserté et
laissé sans l'ombre d'un habitant, hormis les deux cadavres.

« Vous autres, hommes blancs, me répondit-il, ne con-
« naissez pas les coutumes des Antenos. Les voici : Toutes
« les fois qu'un des nôtres vient à mourir dans nos villes ou
« nos villages, ici sur la frontière, immédiatement nous aban-
« donnons cet endroit et nous nous mettons à la découverte
« d'un autre lieu pour y faire notre résidence, parce que si
« nous restions dans le même village, il y aurait des esprits

« qui viendraient nous tuer, car ils sont très méchants, ceux-
« là, et nous les appelons « lolo. ». Voyez-vous, je vous dis
« que vous autres, hommes blancs, qui savez tout faire, ne
« pouvez comprendre des choses semblables; pourtant c'est
« très vrai tout ce que je vous dis, et depuis nos ancêtres ces
« lois ont toujours été on ne peut plus observées par nous.
« Comment croyez-vous que nous puissions rester à la même
« place où nos femmes et nos enfants sont morts? Voyez-vous,
« les habitants de notre pays, quand ils meurent, veulent être
« tranquilles et sont très mécontents d'entendre du bruit;
« conséquemment nous abandonnons tout, maisons, planta-
« tions, etc.; aussitôt qu'un des nôtres vient à perdre la vie. »

J'ai encore observé bien d'autres preuves semblables de ce
fanatisme sans pareil. Il y a dans le pays des Antenôs un
certain arbre que l'on appelle le « botona. » Il est presque de
la même nature que le « baobab. » Les habitants disent qu'une
certaine partie de cet arbre possède un très grand pouvoir,
appartenant à l' « Etre suprême, » « le Bon », et c'est pourquoi ils placent dessus une petite natte dont la largeur ne
dépasse pas celle de la main. Ils prennent ensuite des herbes
longues et sèches qui ressemblent au « vétiver. » Ils en forment de grandes et longues tresses qu'ils suspendent à l'arbre
et dont ils entourent la base. Ils y attachent également la tête
d'un bœuf rouge ayant les plus grandes cornes possible. Ils
colorent l'arbre avec des lignes faites avec du charbon, de
la terre blanche ou une substance jaune qui ressemble au cur-
cuma, puis ils viennent y prier et lui rendent leurs adorations
de chaque jour, prosternés devant lui, les mains croisées sur
la poitrine et touchant la terre avec la tête.

La quantité d'emblèmes ou fétiches qu'ils placent sur cet
arbre est incalculable. Les principaux et ceux qui sont les plus
vénérés sont le « ikoata », baguette d'arrêt contre les mauvais
esprits et les épidémies; le « mohamaly » qui donne le pouvoir de voir à une distance très grande sans être vu; et enfin
le « ahoumaffy », étoile ou emblème de l'Etre suprême qui vous
guide et vous protège dans les nuits sombres et les dangers.

Le peuple Antenos des frontières ne sort jamais de chez lui
sans avoir autour du cou ou sur sa personne des fétiches ou
emblèmes dont la plupart sont faits de petits morceaux de
bois, de dents de crocodile, d'os d'oiseau, etc., etc. Ils sont
généralement enduits avec de la graisse de bœuf noire. Celles
qui appartiennent aux plus riches sont, en général, ornées
de têtes quelconques ou de colliers; et sont bien barbouillées
avec de la graisse de bœuf « rouge » et de l'encens qui abonde
dans ce pays.

Ils ne s'absentent jamais de l'enceinte de leur village sans
être armés de leur fusil et de leurs deux lances, parce qu'ils
ne se fient pas trop à leurs voisins les Ibaras et principalement aux Mafaly, peuplade des plus indépendantes et des plus
méchantes de Madagascar qui habite l'extrémité sud du pays
où je n'ai pu, comme tant d'autres, pénétrer, si ce n'est que
très peu en avant de la frontière.

A propos du mariage, leurs mœurs sont excessivement
étranges. Ils achètent leurs femmes. Quelques-uns en ont
sept, d'autres en ont jusqu'à *onze;* les grands chefs et les
rois en ont, en moyenne, jusqu'à *vingt et une* ou *trente et
une.* Ce sont plutôt des esclaves que des épouses.

J'ai traversé beaucoup de villages entourés de gros et grands
arbres plantés ou poussés naturellement. Le plus gros de
ces arbres semblait être toujours à l'entrée de la porte principale. Une figure de femme faite en bois et ornée d'un grand
nombre de charmes ou fétiches y était fixée. Je demandai au
chef qui m'accompagnait l'explication de ce procédé. Il me
répondit que cet arbre était celui des désirs adultères et que
c'était là que priaient ceux qui se mariaient ou qui étaient
sur le point de le faire. Il me dit de même qu'il y avait un roi
plus grand que les autres chefs et rois, qui s'appelait « Ce
Roi », que les Antenos le craignaient excessivement parce
que « Ce Roi » possédait de nombreux emblèmes, tous les os
du petit doigt du pied de ses ancêtres mâles et les ongles du
pouce de ses ancêtres femelles. Qu'avec cela, il pouvait faire
du bien ou du mal à sa guise, même arrêter le courant des

rivières s'il le voulait, et qu'il demeurait bien loin sur une montagne très élevée.

Après un court séjour parmi ces braves gens, je me décidai à me diriger sur la ville d'*Ankakanaka* où le chef Poléon (voulant sans doute dire Napoléon) m'attendait.

Cette partie du pays est un paysage verdoyant de toute beauté et presque d'un seul niveau. Les arbres, les ruisseaux, les rivières sont admirables et forment ensemble un aspect enchanteur qu'il est impossible à ma plume de dépeindre. Ah! combien de pauvres et même de riches familles européennes seraient heureuses de vivre dans un tel pays parmi des gens si bons, dans ce véritable paradis terrestre qui, hélas! est encore inconnu à la civilisation et aux blancs!

Dans le voisinage se trouvent également des arbres produisant des fruits aussi gros qu'un « siny » (pot en terre d'un pied et demi de diamètre). Ces arbres sont d'une hauteur prodigieuse, quelques-uns d'entre eux n'atteignent pas moins de 225 pieds de haut. Le palmier éventail y croît aussi d'une manière prodigieuse en bosquets d'une beauté et d'un grandiose impossibles à décrire.

Le chef Poléon me reçut d'une manière véritablement royale et me parla très bien le « créole de Bourbon. » Il me dit qu'il avait été trompé et vendu à Nosy-Vey par des marchands blancs et envoyé à Bourbon comme engagé pour cinq ans. A son arrivée à Bourbon, il avait été employé dans une plantation sucrière en qualité de muletier. De là, il avait été envoyé après un temps assez long à Saint-Denis où il avait été employé comme magasinier, puis relégué de nouveau dans le fond du pays où il avait été occupé au jardinage et à une foule d'autres travaux. Finalement, il fut renvoyé à Madagascar et débarqua au Fort-Dauphin où il rencontra quelques-uns de ses anciens amis qui lui apprirent que son oncle était mort et que c'était à lui que revenait le titre de chef; conséquemment qu'il devait retourner le plus vite possible chez les siens.

Le chef Poléon habite une maison ressemblant beaucoup à celles des créoles de Bourbon. Il a un très joli jardin potager

qui l'entoure, quelques fleurs, un petit kiosque et un pied de
« letchic », le seul que j'aie vu dans ces parages. Il me fit faire
une bonne soupe aux choux et me donna des radis. Il me dit
que tout son peuple aussi bien que tous les Antenos attendaient avec une grande impatience l'arrivée d'un Français
pour pousser leur cri de guerre et marcher contre les Hovas,
qu'ils détestaient plus que des chiens galeux. Ils avaient tous
cru que j'avais été moi-même envoyé par le gouverneur de
Bourbon afin de les conduire aux combats.

Il me demanda à me faire frère de sang avec lui, ce que je fis le
surlendemain de mon arrivée. Après que nous eûmes bu notre
sang et que la cérémonie fut achevée, il me prit par la main
et me conduisit sur un tout petit mamelon à quelques mètres
de distance de sa maison. Il me dit de regarder tout autour
du pays aussi loin que ma vue pourrait s'étendre et ajouta que
tout ce que je voyais, pays, forêts, plaines, rivières, villages,
bœufs, hommes, femmes et enfants, tout en un mot, était à
moi aussi bien qu'à lui, qu'il me permettait de couper, de
planter, de prendre, de disposer, de faire enfin ce que bon me
semblerait de tout ce que je voyais. Je le remerciai et lui dis
que je devais retourner près de mon roi et de mon peuple ;
que je n'oublierais pas de lui dire combien lui et son peuple
avaient été bons pour moi ; que je l'engagerais à envoyer
beaucoup de ses sujets pour vivre avec eux et qu'on leur mon-
trerait tout ce qu'un blanc savait. Poléon, dans son enthou-
siasme, m'offrit la plus jeune de ses filles, une enfant d'environ
treize ans, de toute beauté, pour que j'en fisse ma femme. Je
la lui refusai très gracieusement et avec autant de ménage-
ments que je le pouvais, car un tel refus, dans ces pays, est
considéré comme une insulte. Je lui fis tout de même comprendre qu'elle était un peu trop jeune pour moi et qu'elle
ne pourrait pas venir au delà des mers où se trouvaient tant
d'écueils, de mauvais temps et d'orages, etc. Je le priai de
la garder pour moi, et que, quand je reviendrais, je la pren-
drais et la ferais la femme d'un grand chef blanc.

Après quelques jours heureux et paisibles, que je n'ai plus

guère connus depuis, passés au milieu de ce peuple si bon et doué de facultés si loyales et si honnêtes que la France n'a jamais su apprécier ni utiliser, ni elle ni les agents de son gouvernement, pendant la dernière guerre de polichinelles qui a eu lieu tout dernièrement à Madagascar, je me préparai à un autre voyage chez la toute-puissante princesse Zozophine (peut-être Joséphine); car, un messager de cette princesse que je me représentais déjà comme une vieille fille toute ridée, sans dents, presque chauve, avec un corps de squelette, et un menton touchant au bout du nez, venait d'arriver avec la sagaïe en argent de cette hideuse horreur, m'apportant des présents et des compliments, et me dit que la princesse Zozophine m'attendait; qu'elle était très fière et très heureuse de penser qu'elle pourrait recevoir chez elle un blanc aussi grand, aussi illustre, car j'étais le seul blanc qui avait jamais osé pénétrer seul et sans autre suite que des guides dans le pays que je venais de traverser et même dans le sien.

Elle avait envoyé pour m'accompagner soixante-dix guerriers, qui ressemblaient à une troupe de guerillas, armés, de pied en cap, de fusils à pierre, de lances, de coutelas, et portant des emblèmes ou fétiches de toutes sortes. Le second jour de marche, nous arrivâmes au lieu désigné pour notre repos et où des provisions nous attendaient. Ce lieu était situé sur le penchant d'un coteau au bas duquel coulait un ruisseau limpide et murmurant. Nous avions rencontré sur la route plusieurs bœufs sauvages, et immédiatement après notre arrivée au camp, mon « frère de sang » Poléon (qui m'avait accompagné ainsi que quatre autres de ses guerriers) et moi, nous partîmes pour faire une chasse et tâcher, pour dîner, de nous procurer un bœuf sauvage. Un des guerriers de la princesse Zozophine nous suivit et ce fut lui qui trouva le premier un gibier énorme. Mon ami Poléon et moi faisions tous nos efforts pour parvenir à surprendre quelques sangliers si réputés à Madagascar. Ils se tenaient toujours cachés dans le marécage. Tout à coup, nous entendîmes une détonation venant de l'autre côté de la vallée. Nous courûmes dans cette

direction et vîmes du côté du guerrier de la princesse Zozophine un bœuf de toute beauté. Il s'éloignait en trottant lentement du côté de la vallée opposé à celui où il avait été surpris et blessé. La majorité des nôtres semblait disposée à le
laisser aller et commençait à parler de retourner au camp
parce que le soleil était déjà couché.

A ma requête pourtant, poursuite lui fut donnée ; mais,
hélas ! nous le perdîmes dans une petite forêt à quelque
distance de notre lieu de campement. Nous aperçûmes bientôt
un autre bœuf au nord de cette petite forêt et derrière le
marécage où j'avais été avec Poléon essayer de tuer un
sanglier. Poléon fut désigné par acclamation pour faire voir
son adresse comme bon tireur. Qu'il me soit permis de raconter comment il s'y prit pour l'attaque.

Bâti comme un jeune hercule, il est habillé comme un noble
sauvage, un morceau de calicot d'un bleu sombre roulé autour
de ses reins et mis en relief sur sa peau noire par un pli
blanc tombant négligemment et formant tout son habillement.
C'était de plus la bravoure et la hardiesse personnifiées.

Sa large ceinture, en peau de bœuf non tannée, ainsi que
son petit sac de munitions, étaient garnis de clous en cuivre à
grosses têtes. Une corne de bœuf, également recouverte de
plusieurs bandes de cuivre, était suspendue par deux petites
chaînes de même métal. Un morceau de nacre plat, doublé et
rond comme une pièce de cinq francs en argent, avec une
pointe au milieu (comme tous les Sakalaves ont l'habitude
d'en porter), était négligemment posée sur sa tempe droite
soutenue par un fil fait avec de la soie originaire du pays.
Quant au fusil et aux assagaïes, ils font partie d'un Sakalave
tout aussi bien que ses dents et ses ongles.

Pendant notre poursuite après le bœuf, un oiseau de la grosseur d'un pigeon à peu près s'éleva tout à coup de la plaine
à quelque distance de nous et passa d'un vol court et rapide
de l'autre côté de notre chemin. Des yeux civilisés eussent
difficilement saisi ce qui passait ainsi devant nous ; mais le
chef Poléon le vit et son assagaïe fut aussi rapide que l'oiseau,

elle brilla dans l'espace et traversa l'aile du pigeon au moment
où elle se fermait et que l'oiseau allait se poser. Nous ramas-
sâmes avec joie la flèche et l'oiseau. Toutefois le chef Poléon
parut vexé et ne se pardonnait pas de ne l'avoir pas transpercé
de part en part.

Nous le laissâmes se préparer lui-même pour le gros gibier
qui avait juste été entrevu. Je le remarquai mettant sa baguette
dans le long et brillant canon de son fusil. Je crus qu'il le
chargeait et commençai alors à penser qu'il n'était après tout
qu'un chasseur à moitié formé, mais il renversa l'arme immédiatement, et, la crosse en l'air, il en laissa tomber une balle.

Celle-ci, me chuchota-t-il tout bas à l'oreille, est une balle
que j'avais ajoutée en vue de l'ennemi, mais l'autre qui est au
fond du canon est grandement suffisante pour tuer un malheureux Ahomibi « bœuf. » Il ramassa alors ses assagaïes, armes
bien primitives, mais terribles entre les mains de gens semblables, et s'élança dans le marais comme l'ombre d'un chat.
Pas un roseau ne bougeait et ne montrait son passage. Après
quelques minutes du plus profond silence, nous l'aperçûmes
de l'autre côté du marais, comme un éclair, au moment où il
rentrait dans le fourré où nous avions vu le bœuf.

Quelques instants s'étant écoulés, nous entendîmes la détonation de son fusil et un cri d'appel connu de ses compagnons
qui exprimait que nous devions aller le rejoindre où il se
trouvait, car le bœuf était tué.

Après un moment de marche, nous atteignîmes l'endroit où
était Poléon. Il restait juste assez de clarté pour nous permettre de voir avec bonheur un énorme bœuf brun, mort à
ses pieds. La balle lui était rentrée dans l'oreille et lui avait
traversé la tête.

Nous choisîmes cette place pour camper et nous y fîmes
un grand feu pour rallier les autres de notre suite. Ils commencèrent à dépouiller le bœuf, ce qui dura plus de deux
heures, jusqu'au lever de la lune. Chaque homme s'occupait
de lui-même, coupait, grillait, se brûlait les doigts et même la
gorge et les entrailles, tant ils mangeaient avec gloutonnerie

des morceaux tout fumants et que leurs mains plus ou moins
dures pouvaient à peine tenir. Je fus pressé, prié, choyé par
toutes ces braves gens ; c'était à qui obtiendrait que je man-
geasse le morceau le plus délicat qu'il avait cuit pour moi.
Ah ! vivre et mourir parmi de tels enfants de la nature et dans
un pays si beau, loin de toute civilisation corrompue, de ces
gouvernements impossibles, sans unité, sagesse, ni honnê-
teté, serait pour bien des gens les délices du Paradis terrestre.

Deux jours après, nous arrivâmes à la ville de la princesse
ou reine Razakaï Zozophine. Cette ville contient environ quatre
ou cinq cents maisons ou cahutes. Celles de la reine et des
principaux chefs sont des habitations très convenables ; quant
aux autres, on ne peut leur donner que le nom de hangars ou
de huttes. Ce qui frappe l'esprit de l'étranger qui visite ce
pays c'est la construction des maisons et des fortifications. Ils
n'usent jamais de clous pour leurs charpentes, leurs portes,
leurs fenêtres, leurs tables, leurs lits ou autres meubles ; ils
s'arrangent de manière à ce que les pièces s'emboîtent toutes
l'une dans l'autre avec des mortaises et tenons parfaitement
coupés au moyen de couteaux et d'une espèce de ciseau.
Ensuite, pour fixer et maintenir les herbes de vertiver ou les
feuilles de palmier dont ils couvrent leurs maisons, ils les
attachent symétriquement avec de très fortes et très souples
lianes qui abondent dans les forêts avoisinantes, éloignées
d'à peu près six milles de la ville.

Une fois terminée, la maison est la propriété entière de
l'homme ou de la femme qui l'a élevée. Ils peuvent la transporter où bon leur semble sans en être empêchés. En conséquence, un homme peut disposer de son terrain, de son jardin
et de tout ce qui lui appartient et prendre sa maison avec lui
pour la placer dans un autre endroit. Quatre personnes peuvent
facilement porter une semblable maison dont la valeur varie
entre dix et cent francs. En cas de vente, elle est payable en
produits ou en bétail.

Le « Rova » ou moyen de défense est la partie la plus
proéminente de la ville de la princesse Zozophine. Il est placé

du côté ouest, à l'endroit où aboutit le principal passage par lequel on entre dans la ville. Ce lieu attire l'attention de toute personne qui entre dans la ville ou qui la traverse. Une espèce de fortification, formée de troncs d'arbres de six pieds six pouces de hauteur et placés en forme de rectangle, entoure ou plutôt forme ce « Rova. » On y pénètre au moyen de quatre portes en bois, une sur chaque côté. A environ trente pieds en deçà de ce rectangle extérieur s'élève encore une fortification faite de larges pièces de charpente mesurant dix pieds six pouces de hauteur et placées en terre comme celles de la première barricade. Celle-ci a également quatre portes où se tiennent des factionnaires qui ont pour mission de veiller sur le salut de la princesse, sur ses sorties, ses entrées, et qui doivent satisfaire tous ses ordres et tous ses désirs.

C'est dans cette seconde forteresse que se trouvent les habitations des nobles et hauts personnages. Elles sont disposées et divisées en sept rangées de chaque côté du rectangle.

Dans le côté nord-est du rectangle existe une troisième fortification formée de poutres et de charpentes d'environ six pieds de hauteur, munie d'une porte donnant sur le côté sud. Immédiatement à l'intérieur de cette dernière, au lieu du gardien qui se trouve, ainsi que je l'ai mentionné ci-dessus, à chacune des portes, s'élève une construction en bois sur laquelle on a placé à la hauteur de dix pieds de terre un tambour dont le haut a peut-être été percé il y a cent ans, mais dont le son rauque est néanmoins encore employé pour annoncer que le moment est arrivé d'éteindre les feux et de fermer les portes le soir. C'est le cri d'alarme en cas de danger. C'est de même le réveil des habitants le matin et le signal annonçant que les portes du « Rova » sont ouvertes de nouveau.

C'est dans l'intérieur de cette troisième forteresse que se trouve la résidence de la reine ou princesse Zozophine. Je puis, la main sur la conscience, la donner pour la femme, comme physique et comme prestance, la plus belle que j'aie jamais rencontrée depuis que je me connais et que je parcours tous les pays du globe terrestre. Que de femmes en Europe et en

Amérique seraient heureuses de donner leur fortune pour avoir des pieds, des mains, des yeux, des cheveux, des dents, une gorge, en un mot, tout un corps entier semblable à celui de la princesse Zozophine ! Malheureusement la couleur de sa peau est d'un brun foncé. Sa maison est une simple et solide construction en bois à un étage avec un rez-de-chaussée absolument identique aux maisons des créoles de Bourbon. J'ai été on ne peut mieux reçu par la princesse Razakaï Zozophine et le rez-de-chaussée de sa maison me fut donné comme résidence ; honneur dont les plus grands chefs et les plus beaux guerriers étaient très jaloux.

Je puis certifier avec franchise que la semaine que j'ai passée dans la ville de la princesse Zozophine fut pour moi comme une heure de félicité, hélas ! trop vite écoulée.

Cette ville est entourée de tous côtés d'une brillante ceinture d'arbres verdoyants appelés « Airavey. » Dans la fourche d'un gros arbre placé presque vis-à-vis du palais, si on peut l'appeler ainsi, était un petit amas de paille qui me semblait avoir été placé là à dessein. Il mesurait au moins trois pieds de large sur autant de haut. Comme je suis d'une nature très curieuse, je ne pus m'empêcher de demander pourquoi ces herbes sèches avaient été placées avec tant de soin et d'adresse dans la fourche de cet arbre. La princesse me répondit en souriant que c'était le nid de son oiseau appelé « takatra. » Cet oiseau est à peu près le type du « toliotocole », mais il est bien plus beau et bien plus gros. Il porte sur la tête une touffe de plumes, bleues, blanches et rouges. Je n'ai jamais de ma vie vu un oiseau semblable, quoiqu'ayant déjà fait deux fois le tour du monde et visité des pays très peu connus.

Ma bonne, gracieuse et très hospitalière princesse s'assit près de moi pendant que j'écrivais ces notes qui ne seront peut-être jamais publiées. Il me fut permis de monter chez elle parce que la chaleur y était moins forte, et que je pouvais y respirer l'air embaumé des alentours, tout en jouissant de la vue délicieuse du paysage environnant. Mais j'étais encore bien plus captivé par la vue de cette belle femme, assise devant moi, et que mon compatriote Barnum aurait bien voulu, au prix de sommes immenses, exposer à nos amis les « Yankees. » Elle s'occupait à travailler et à filer de la soie naturelle du pays ; elle avait déjà retiré les petits fils qui se trouvent sur les cocons, et les réunissait un à un jusqu'à ce qu'ils aient formé une petite masse de duvet d'un brun clair. Prenant ensuite le dernier, elle l'avait placé sur sa quenouille, et, ramassant un à un tous ces petits fils et ayant soin de les diviser, elle se mit à les tisser tous ensemble avec ses doigts longs et effilés d'une beauté surprenante. Elle corrigeait toutes les imperfections avec ses dents aussi belles que les perles les plus fines, et entortillait cette soie tout autour d'un petit bâton de bambou d'une longueur d'environ quatre pouces, sur lequel elle avait posé le petit doigt de sa main de fée. Elle s'amusait beaucoup à me voir désirer lui acheter son petit bambou qui n'était encore qu'à moitié recouvert, pour l'emporter avec moi au delà des mers comme spécimen d'une industrie naissante. Mais rien de ce que je lui offrais ne lui ayant plu, je me permis, n'y tenant plus et au risque de me faire couper la tête, de lui donner un baiser. Par ma foi, elle le reçut avec toutes les bonnes grâces d'une princesse aussi belle et aussi adorable.

Ce fut avec un chagrin véritable et très vif que je me décidai enfin à quitter la princesse Zozophine, cette femme si bonne et si belle. Vraiment, quand l'heure fut venue de lui serrer les mains et de lui dire adieu, pour me rendre à la côte ouest à la recherche d'un navire pour les Etats-Unis ou toute autre destination, le cœur et le courage me manquèrent. Je me demandais où je pourrais jamais retrouver cette tranquillité d'esprit, ce bonheur de séjourner parmi de si braves gens, de respirer un air aussi pur et aussi embaumé, de vivre enfin dans un aussi magnifique paradis terrestre.

Au moins, si elle, cette déesse, cette fée enchanteresse voulait me suivre !... Hélas ! tous mes efforts, tout mon pauvre talent de diplomate furent inutiles ; rien ne put ébranler la princesse Razakaï Zozophine ni la décider à m'accompagner en Europe et en Amérique, malgré toutes les promesses que je lui fis ainsi qu'à son peuple de retourner chez eux, suivi de beaucoup de mes compatriotes. Voyant que j'avais complètement échoué, je résolus de quitter ce pays au plus vite, car y séjourner davantage n'aurait été pour moi qu'une continuelle tentation d'y rester, d'y vivre et d'y mourir.

Je fis donc mes adieux à la reine ainsi qu'à son peuple, et partis accompagné de cent guerriers armés de toutes pièces, ainsi que de trente têtes de bétail et de vingt hommes portant du riz, des plantains secs, des maniocs, des patates et du tavoul ou arrowroot. Tout cela nous était donné pour traverser un désert d'environ trois jours, où nous aurions pu être attaqués et forcés de séjourner davantage avant d'arriver au pays des Sakalaves.

Après avoir franchi la porte ouest de la ville, je passai près d'un bâton à l'extrémité duquel se trouvait une boîte en étain ; un petit miroir incrusté sur le côté et trois morceaux de calicot rouge, blanc et bleu, déroulé, flottaient au gré des vents. Les têtes de dix bœufs étaient placées au bas du bâton et l'entouraient ; à l'un de ses côtés et à environ quatre pieds de terre, était pratiqué un assez grand trou où tout homme riche qui désirait rester dans la prospérité devait placer une toute petite pierre blanche qui m'a semblé être un diamant. « Ces pierres, en effet, m'ont dit mes guides, se trouvent dans la terre. » J'avais envie de les toucher et d'en prendre quelques-unes pour les examiner, mais Poléon qui me suivait toujours me dit que c'était « fally » défendu.

A environ dix-huit milles au sud-ouest de la ville de la princesse Zozophine, se trouve une énorme quantité de pierres basaltiques appelées « bohohitsyhay » qui s'élèvent à environ quinze cents pieds au-dessus de la plaine. Ces vertigineuses colonnes, aux côtés et aux sommets si bizarres, ressemblent à la coque d'un navire, chaviré la quille en l'air, dont l'aspect grandiose et imposant reste à jamais gravé dans la mémoire de celui qui l'a vu une seule fois.

Après avoir passé ces rochers et bien des petits villages où je fus toujours reçu avec bonté, le paysage devint d'un aspect sauvage et aride, mais toujours d'une beauté qui défie toute description. Nous franchîmes quelques collines d'un mille de hauteur environ, et descendîmes dans de profondes vallées où se trouve une quantité innombrable de pierres précieuses de toutes couleurs. Enfin nous nous trouvâmes dans un étroit ravin fermé à l'est et à l'ouest par de hautes collines, et au fond duquel courait un petit ruisseau serpentant çà et là et tombant parfois en cascade, sur un lit composé exclusivement de cristal. A un demi-mille plus haut de ce ravin, ce cours d'eau fait un immense bond de huit cents pieds et tombe d'une seule masse, en formant une des plus belles et des plus majestueuses cascades que l'on puisse imaginer.

Nous nous trouvâmes alors en présence d'une côte excessivement difficile et très dangereuse à gravir ; elle était presque perpendiculaire et élevée d'environ mille pieds. Après cette première, nous avions à en monter une autre tout aussi mauvaise et tout aussi difficile appelée *Maladrosaty,* montagne du tonnerre.

Un de nos pauvres porteurs de provisions gémissait sous le poids de son fardeau. Il nous dit en nous voyant rire de ses grognements : « Vous riez, vous autres ; eh bien, sachez donc « que j'ai été le père de cinq enfants, et que j'ai trois femmes « qui sont loin d'être des anges ; mais jamais, voyez-vous, je « ne me suis trouvé dans un cas semblable, et n'ai éprouvé « tant de tourments et de souffrances. »

Lorsque nous eûmes atteint le sommet, nous fûmes enveloppés d'un brouillard très épais, et pendant des heures entières nous fûmes obligés de marcher à tâtons, nous tenant l'un derrière l'autre pour ne pas nous égarer ou tomber dans un précipice. Il fallait passer à travers des herbes très hautes, des marais et des ruisseaux assez profonds sur la crête et le bord du gouffre des précipices noirs, béants et hideux.

La brume devenant de plus en plus épaisse, je dis à mon ami Poléon qu'il fallait nous arrêter, car les personnes porteurs de provisions et ceux qui conduisaient les bœufs devaient être en grand danger. Conséquemment, nous nous arrêtâmes. Je

mis le feu à une touffe de grandes herbes sèches, et priai
Poléon d'en faire faire autant par ses hommes tout à l'entour
de nous. En même temps, je lui dis qu'il serait peut-être bon
de faire souffler dans une corne de bœuf dont ils se servent
comme signal, afin que les malheureux, qui étaient peut-être
encore loin derrière, pussent nous rejoindre et savoir où nous
étions. Il le fit faire bien vite ; tous nous rejoignirent environ
trois quarts d'heure après, et m'exprimèrent leur reconnaissance pour les avoir, disaient-ils, sauvés en les empêchant de
s'égarer ou de tomber dans des précipices. Ils nous apprirent
toutefois que cinq de nos bœufs s'étaient tués en tombant dans
ces précipices, où eux-mêmes les auraient suivis s'ils n'avaient
pas vu cette clarté au loin.

VIII

LES MAFALES

Leurs mœurs, leurs coutumes, leur pays.

————

Les Mafales, ou Mafaly, sont connus sous différents noms dont quelques-uns ont été acceptés par eux et dont les autres leur ont été donnés par les peuplades des provinces voisines. Il y a des peuples qui s'imaginent que ce nom dérive de la façon dont les hommes et les femmes arrangent leur chevelure qu'ils tressent en nombreuses nattes longues et noires pendant librement autour de leur tête, semblables à de longues franges de rideaux et qu'ils appellent « Idva. »

Le nom de Mafales doit plutôt dériver de ce que ce peuple vit par lui-même indépendamment de tous les autres et que ce sont de grands guerriers.

La plaine de Mahafaly et l'aspect général de la contrée sont sauvages, rudes, couverts de mille petites collines et de forêts remplies de figues de Barbarie. De vastes coteaux de rochers, des ravins profonds et des vallées s'étendent de l'est à l'ouest et du sud au nord, donnant à la scène une riche variété de contours et de détails.

Relativement à la population, on ne saurait obtenir de renseignements bien précis. Le nord, l'est et le sud sont, d'après ce que l'on m'a dit, plus populeux et les villages sont d'une étendue beaucoup plus grande que ceux qui se trouvent sur le côté ouest.

Comme ils refusent tout contact avec les étrangers, ces peuples sont considérés comme les plus sauvages et les moins civilisés de Madagascar.

Il y a peu de rivières à couler dans le pays des Mafales, mais je me suis laissé dire que les lacs s'y trouvaient en assez grande quantité. La température y est très froide en hiver ; en été, elle y est assez chaude.

Outre différentes espèces de bois magnifique, les produits de ce pays consistent en miel, en cire, en teinture, en écorces propres à faire des cordages, en une espèce de caoutchouc qu'ils tirent d'une plante grimpante et en bambous excessivement fins avec lesquels ils fabriquent des articles de fantaisie tout à fait élégants.

J'ai mesuré un arbre énorme qui avait été abattu dans le but d'y recueillir le miel qui y avait été déposé par les abeilles. Sa circonférence à la racine était de trente-cinq pieds et un peu plus haut de trente-neuf pieds. Le miel qui y fut récolté me fut vendu pour la somme d'environ six sous que je payai en colliers bleus.

La superficie du terrain de ce pays est couverte d'une herbe grossière, mais la plaine peut être facilement cultivée. Les Mafales cultivent rarement, si ce n'est dans le vaba (espèce d'enclos ayant jadis servi de parc à bœufs). Les principales productions sont les bananes, le riz, le blé indien, le manioc et les pommes de terre douces qu'ils récoltent deux fois par an. La saison pour semer le riz est pour eux une époque de fêtes et de réjouissances générales.

Lorsqu'un homme est sur le point de conduire ses bœufs aux champs pour y travailler la terre, il convoque tous ses parents et les membres de sa famille afin qu'ils viennent à son aide et lui prêtent la main. Il leur emprunte tous leurs bœufs et fixe le jour où doit commencer le travail. Ils viennent alors tous ensemble et s'y rendent de très bonne heure, au nombre quelquefois d'une cinquantaine, conduisant tous les bœufs qu'ils ont en leur possession. Les troupeaux sont alors conduits de long en large sur ces terres qui ont été submergées de manière à ce que l'eau pénètre de quatre à six pouces de profondeur, jusqu'à ce que le terrain ait été travaillé à fond et qu'il ait la consistance du mortier.

Pendant ce temps, les femmes font cuire sur une butte de terrain les mets destinés au festin. Chacune des femmes possède deux pots, l'un pour le riz et l'autre pour la viande. L'ouvrage terminé, ils retournent au village où demeure le propriétaire du champ qu'ils ont ensemencé et commencent alors des chants et des danses qu'ils continuent jusqu'au lever de l'aurore. Il est très dangereux pour un étranger, et principalement pour un Européen, de s'approcher d'eux pendant qu'ils travaillent leur champ, parce qu'ils deviennent alors, en général, querelleurs et frénétiques à cause de la quantité de rhum du pays qu'ils ont absorbé en travaillant.

Mon intention était de voir plus à fond le pays et le peuple et je m'avançai avec mon frère de sang et nos suivants vers une contrée redoutée de tous.

Après quelques jours de marche nous atteignîmes le village des Mafaly appelé *Kaharyma*, où le chef, après deux heures de pourparlers avec mon frère de sang Poléon, me donna six vigoureuses femmes amazones comme rameurs pour nous conduire dans la petite ville mafale proche du lac d'eau noire, comme ils l'appellent. Une des amazones, qui nous avaient été données comme rameurs, avait un enfant avec elle et les trois canots qui furent amenés étaient assez grands pour me conduire avec une partie de la suite de mon frère de sang. Les autres furent renvoyés sur leurs pas vers la princesse Razakaï. C'est dans ces canots que nous fîmes notre voyage en descendant vers la côte, tantôt le long des courants rapides et ténébreux couverts d'une voûte par d'interminables « zorozos » et autres plantes, tantôt sur la vaste étendue de la nappe d'eau fangeuse de la rivière d' « Onimanhy » dont les courants rapides qui coulent vers le canal de Mozambique manquèrent plus d'une fois de faire chavirer nos frêles embarcations.

A la fin cependant, et à environ huit heures du soir, nous

débarquions à *Balibatana* pour faire seulement expérience, pendant la nuit, d'aventures uniques dans leur genre, comme celles qui m'étaient déjà arrivées pendant le jour. Je dois confesser que cette ville de Balibatana est une sorte de phénomène : aucun de ses habitants n'a jamais été vu par aucun homme blanc, et bien qu'on les appelle des sauvages, ils me parurent d'une grande bonté. Je n'avais rien porté avec moi que mon hamac, ma tente et quelques chandelles ; tous nos vivres et presque tous nos hommes étaient encore en arrière. Cependant le chef de la tribu, dans la maison duquel je me trouvais, nous laissa avec bonté nous sécher à son feu et nous donna des poules, du riz, du manioc, des plantains et du miel. Ils allèrent même jusqu'à nous prêter leurs pots noirs et graisseux pour faire notre cuisine. Grand fut leur étonnement lorsque j'allumai ma chandelle avec une allumette. Je fus immédiatement entouré d'une foule de questions piquantes : « Qu'est-ce que c'est que cela ? » — « Cela pousse-t-il ? » — « En quoi cela est-il fait ? » — « Cela brûle-t-il toujours ? »

Notre hôte et notre hôtesse montrèrent alors des signes de fatigue et montèrent sur un lit élevé, consistant en quelques nattes grossières, placées sur des pièces de bois entrelacées et supportées par quatre pieux à cinq ou six pieds au-dessus du sol. Voilà pour leur lit ; mais, au-dessus, suspendu depuis les poutres du toit, était comme une espèce de sac dans lequel notre hôte, notre hôtesse et leur petite fille s'infiltrèrent, et là ils étaient en sécurité pour la nuit ; mais nous n'en étions pas de même.

En effet, avant de nous souhaiter « bonne nuit », notre ami mit sa tête en dehors du sac et nous recommanda de retirer nos habits et nos bottes, ainsi que tout ce qui serait susceptible d'être mangé, et de placer le tout dans un lieu sûr, parce que, dit-il, les rats viendront bientôt par centaines du lac d'eau noire et mangeront tout ce qui se trouvera sur leur route. En conséquence, je ne dormais pas depuis plus d'une heure, quoiqu'ayant les yeux fermés et assoupi par la fatigue, lorsqu'un douloureux coup sur la figure et une suite

de cris partant d'au-dessus du sol me firent tressaillir. J'ou-
vris les yeux et trouvai tout dans les ténèbres. Ma chandelle
était éteinte, les rats marchaient et dansaient sur moi, d'in-
visibles créatures frappaient et voltigeaient de tous côtés,
un autre frappait sur mon long nez, et les rats devenant de
plus en plus audacieux, me réveillèrent complètement.

Je frottai une allumette et allumai de nouveau ma chandelle.
Quel vacarme et quelle confusion ! Ils se sauvaient de tous
côtés, ces rats, par bandes, le long des murs, sur le plancher
de terre, par tous les coins, par le haut du toit, de tous côtés
pour fuir la lumière..... Mais après tout, ceux qui troublaient
réellement notre tranquillité n'étaient pas eux.

Il se trouva que c'était une couvée de petits oisons qui
étaient tranquillement juchés dans un coin de la chambre.
La clarté prolongée de ma lumière les porta naturellement
à s'imaginer que le matin était arrivé, et, ressentant l'impu-
dence qu'avait le soleil à se lever avant son heure, un d'entre
eux d'abord puis tous ensemble, faisant entendre des siffle-
ments, frappèrent, voltigèrent, battirent des ailes en s'élan-
çant sur ma chandelle et la renversèrent.

Je m'amusai le reste de la nuit à examiner leurs innocentes
gambades, en rallumant ma chandelle sitôt qu'ils l'avaient
éteinte.

Je n'ai jamais, avant ni depuis, passé une nuit semblable
dans toute l'île de Madagascar, et je suis à me demander
comment ce pauvre peuple peut vivre ainsi dans ce pays
avec une existence pareille, sans agréments et dénuée de
consolations, sans murmurer et toujours content.

Poléon, mon frère de sang, m'ayant averti de ne pas m'en-
foncer plus avant dans le pays parce que le peuple était en
guerre depuis la mort du roi, je décidai, à mon grand regret,
d'abandonner la contrée des Mafaly, encore inconnue au
monde et où je me suis laissé dire qu'il existait la « licorne »
ou un animal identique. On le nomme « fougouby » et il ressemble, à ce qu'ils disent, en grande partie au bœuf, mais il
a la tête du cheval et une seule corne au milieu du front.

Si quelqu'un le rencontre jamais, il est sûr de mourir dans la semaine s'il ne tue pas sept bœufs et ne prend pas les queues des sept bœufs égorgés et ne les porte à la place où il a fait la rencontre du « fougouby. »

Je me suis aussi laissé dire que l'on trouvait dans ce pays d'énormes chats ; mais, d'après la description qu'on m'en a faite, j'ai pensé que c'étaient des léopards. Un fait cependant, d'une certitude absolue, c'est qu'il existe chez les Maïales un oiseau d'une grandeur formidable, car j'ai vu quelques-uns de ses œufs, dont les naturels se servent comme d'un pot à eau. J'ai mesuré l'un d'entre eux et il ne contenait pas moins de dix-huit litres d'eau. Mais la propriétaire de cet œuf, une femme, ne voulut jamais me le laisser emporter, même en la payant par amour ou en monnaie.

Lorsqu'un Mafaly vient à mourir, ses obsèques funèbres ont lieu immédiatement ; le corps n'est pas conservé après le jour de son décès. L'enterrement terminé, la tige d'un bananier est placée dans la maison et recouverte d'un lamba. C'est cette tige qui remplace le corps.

Tous les parents et les amis du défunt se rassemblent alors et commencent à chanter et à pleurer pendant que les hommes et les garçons sont occupés à immoler des bœufs en grande quantité et à tirer d'innombrables coups de fusil. Quelque temps après, la tige de bananier est enlevée et enterrée ; des bœufs sont conduits du côté du tombeau et sur la route qui y aboutit, et ces bœufs sont cruellement transpercés de lances par des hommes jusqu'à ce qu'ils meurent de leurs blessures.

En cette occasion, ils sacrifient pendant le trajet à la tombe quelquefois jusqu'à cent bœufs.

Le corps du défunt n'est pas recouvert d'un lamba dans la tombe, mais tout simplement entouré d'un morceau d'étoffe roulé autour de lui.

Les morts ne sont pas déposés dans des tombeaux creusés dans la terre, mais ensevelis, placés sur le haut des rochers et recouverts de pierres.

Les maris et les femmes sont cependant séparés lorsqu'ils sont morts, car les femmes n'ont pas le privilège d'être enterrées au même endroit que leurs maris. La saison du deuil ne dure pas longtemps, parce que le jour même où ils reviennent de l'enterrement de la personne décédée, des bœufs sont encore égorgés, ils tressent de nouveau leurs cheveux et la peuplade recommence à se réjouir.

Lorsque quelqu'un désire prendre une fille pour en faire son épouse, il tue un bœuf et en fait présent au père, à la mère et aux parents de la fille. Ensuite, ils entrent dans certains genres de pourparlers qui ont généralement lieu dans des occasions semblables : « Veux-tu ou ne veux-tu pas me donner ta fille ? J'ai des bœufs pour qu'elle puisse avoir de la viande, une maison pour l'abriter, une natte pour la coucher, des pots pour qu'elle cuise du riz et un mortier pour qu'elle puisse piler le maïs ou le riz. »

Lorsque le mari est occupé à prendre son repas, la femme n'a pas la permission de se joindre à lui, ni même de le regarder lorsqu'il est ainsi à manger. J'ai constaté moi-même que la condition des femmes mafales est réellement digne de pitié par cela même que le mari ne fait presque jamais rien. Jamais ce dernier n'apporterait du bois de chauffage, ne travaillerait ni ne pilerait du riz. La seule chose que font les hommes est de combattre, de garder les troupeaux et de s'occuper de l'époque où le riz doit être ensemencé et doit être récolté.

Si une femme abandonne son mari, très fréquemment elle est tuée par son père, comme étant indigne de vivre.

Les Mafales ne construisent pas leurs villes au sommet des montagnes, mais au contraire dans des plaines unies. Chacune de ces villes possède un grand nombre de portes que l'on ferme au coucher du soleil et que l'on ouvre au soleil levant. Ils construisent leurs habitations dans l'intérieur de la ville qui est elle-même entourée par une forêt de figues de Barbarie. Ces maisons sont placées à une bonne distance les unes des autres à cause du feu, et sont construites avec une espèce de bambou appelé « volotra » et cimentées à l'intérieur avec de la bouse de vache et de la terre rouge.

Ces peuples s'attachent avec beaucoup de ténacité aux coutumes de leurs ancêtres, et la mémoire de leurs rois décédés « qu'ils disent être des hommes blancs » est conservée chez eux en haute vénération. Le nom de quelques-uns de ces rois est considéré comme sacré, tellement sacré qu'on ne doit pas en parler, et qu'il n'est permis à personne de prononcer ce nom.

Les idoles des Mafales sont en grande quantité. Ils reconnaissent cependant l'existence d'un vrai Dieu qui vit au ciel et qui est tout-puissant. Ils ne peuvent pas le voir par la raison de la distance où ils en sont de la terre, c'est pour cela qu'ils font des idoles qu'ils considèrent comme les représentants de Dieu et qui, sur terre, les prennent sous leur sauvegarde et leur protection.

Les clans mafales et les villages qui en font partie sont constamment à combattre, et leur pays est dans un état de guerres perpétuelles et meurtrières.

Etre propre à bien combattre et soustraire avec habileté les bœufs à leurs voisins est la plus haute ambition des Mafales et ils y sont habitués dès leur plus tendre enfance par leurs parents.

Lorsqu'un enfant est circoncis, voici quelle est la bénédiction qu'ils prononcent sur lui : « Oh ! puisses-tu être capa- « ble de dérober avec adresse et abondamment ! » — Oh ! « puisses-tu être bon à combattre avec courage et être vain- « queur ! » — « Si tu meurs, meurs du moins par le fusil ou « la lance d'un homme ! » — « Oh ! mon enfant, que Dieu « puisse te guider ! ! »

Les disputes sont ainsi jugées : Un large pot qui leur sert à faire la cuisine est apporté et rempli d'eau ; on met dedans un caillou et les deux parties intéressées dans la dispute apportent du bois pour faire le feu. Les deux adversaires s'asseyent l'un d'un côté et l'autre de l'autre, et ils entretiennent le feu jusqu'à ce que bouille l'eau de ce pot ou de

cette marmite en terre. Alors, celui d'entre eux qui peut tirer
hors du pot ce caillou sans s'endommager la main est déclaré
vainqueur.

Parfois cette coutume est ainsi variée : A un signal donné,
les deux adversaires posent leur main dans de l'eau bouillante
et ensuite dans de l'eau froide. Après cette cérémonie, ils
sont gardés à vue dans une chambre pendant une semaine
au bout de laquelle leurs mains sont examinées. Celui dont
la main ne porte aucune empreinte, blessure ou ampoule de
cette immersion dans de l'eau bouillante, celui-là est considéré comme étant dans la droiture, la justice est de son côté
et le peuple donne raison en sa faveur.

Quelques mots de plus sur la manière dont les Mafales
reçoivent les Européens qui font du commerce avec eux et
vivent dans leur pays.

Un Européen qui vient pour la première fois dans le pays
et a contact avec les Mafales est très surpris de leur bonté,
de leur empressement à lui venir en aide, de leur obligeance
et de leurs autres qualités. C'est certainement de tout Madagascar le peuple le plus habile à dissimuler et à cacher
ses véritables intentions. Cependant, quelque temps après,
lorsqu'ils sentent qu'ils ont l'étranger plus ou moins en leur
pouvoir, ils commencent à laisser percer leur véritable caractère en mendiant d'abord tout ce qu'ils voient, et en volant
tout ce qui leur tombe sous la main. Si par ce moyen ils ne
peuvent pas accomplir ce qu'ils ont l'intention de faire, ils
essaient d'autres expédients. Si bien qu'un Européen ne doit
jamais se considérer en sécurité lorsqu'il est au milieu d'eux.

Dans les ports et autres endroits de commerce, les vaisseaux étaient autrefois pillés par les Mafales qui s'introdui-
saient furtivement la nuit à bord, tuant les matelots ou les
emmenant avec eux comme esclaves, dérobant sur ces navires
tout ce qu'ils pouvaient emporter et abandonnant le reste en
faisant croire que le bâtiment avait fait naufrage sur des bancs
de corail.

A la fin, ils furent cependant obligés de mettre un terme

à leurs cruelles pratiques, les gouvernements d'Europe envoyant leurs navires de guerre pour se rendre compte et pour les punir de ravages aussi coupables. Malheureusement ce n'était pas le cas particulier au gouvernement anglais pour la piraterie de la goëlette *le Lion* appartenant à MM. Beningfield et fils de Natal; ni au gouvernement des Etats-Unis pour la mort de M. Emerson de Boston et la perte de la barque *la Surprise,* capitaine Averill, du même pays, bien que la corvette américaine *Lancaster* fût venue dans la baie de Tullear demander une réparation et imposer une rançon aux naturels du pays. Ils n'ont jamais tenu ni fait ce qu'ils ont promis.

Je n'ai cependant jamais entendu les Mafales parler d'une chose avec plus de respect que des canons et des boulets européens. Quelques-uns de ces derniers peuvent encore être vus au milieu d'eux en mémoire de ces terribles jours où ces mêmes boulets tombaient au milieu d'eux, détruisant leurs villages et contraignant les peuplades à se cacher au fond des forêts. Quoique ces voleurs, terrifiés, ne commettent plus leurs dépradations ouvertement sur la plage, ils le font dans les forêts où ils organisent des razzias au milieu de la nuit et même sur la côté quand ils ont l'intention de voler.

Lorsqu'ils se proposent de faire violence à des Européens et qu'ils se déclarent contre eux comme une bande de voleurs, ils ont recours à la ruse pour leur en imposer. Ils se présentent parfois comme des mendiants et s'introduisent dans les maisons de ces Européens, comme étant leurs meilleurs amis et ayant toujours un prince ou un autre chef à leur tête. Ils semblent alors réfléchir à ce qu'ils ont le droit de réclamer ou aux autres moyens d'inquiéter les Européens, parce que, d'après leur opinion, les étrangers doivent payer pour la liberté qu'ils prennent en résidant sur leur territoire et en y ayant le privilège d'y vendre et d'y acheter.

Ils attendent généralement qu'on leur donne des présents comme cadeaux d'amitié, et toutes leurs demandes sont ordinairement précédées d'un grand nombre de phrases flatteuses. Il n'existe rien appartenant à l'étranger qu'ils ne lui deman-

dent. Si ce dernier ne leur répond pas avec douceur et s'il refuse d'acquiescer à leur demande, alors ils lui disent carrément qu'ils lui réclament un cadeau en échange de la permission qu'ils lui donnent de vivre dans leur pays. S'il continue à refuser ce qu'ils demandent, ils commencent alors une longue harangue, montrant une grande habileté d'élocution, dans laquelle ils vous disent, en pleine figure, que vous êtes un homme d'un caractère méprisable, n'ayant ni honneur, ni sensibilité de sentiments, et qu'ils auront le plaisir de vous renvoyer de la contrée dans quelque temps. Ils vont même jusqu'à menacer de vous tuer, en disant : « Vous êtes notre « ennemi, et il ne faut pas espérer vivre en bons termes avec « le Roi et les Chefs. »

Pour porter l'épouvante chez les commerçants, des mousquets sont fréquemment tirés par l'ivrogne prince des Mafales dans l'intérieur de leur cour ; parfois même les balles ont traversé les murailles en terre et en bambous et sont entrées dans leurs maisons. Dans plus d'une occasion, ils ont frappé et fait feu sur les commerçants eux-mêmes. Très souvent même ces commerçants se sont vus contraints, pour échapper à ces cruels Mafales, de recourir à une retraite en bon ordre et de s'enfuir à Nos-Vey ou *île de sable,* endroit où se trouve le dépôt central de MM. Mc Cubbin, Lauratet, Le Roy, Victor Fullet, Thibault Desprez, Jacquelin et Tombarel. Là, du moins, ils peuvent demeurer en sécurité parce que les Massikoras (qui sont généralement les oppresseurs) ne peuvent naviguer en pirogues assez loin pour arriver jusqu'à l'île.

Il advient généralement que, quelques jours après, les princes et les chefs, désirant le retour des marchands sur le continent, leur envoient des messagers pour les prier de revenir. Ces envoyés sont toujours accompagnés de présents qui consistent en bœufs pour offrir aux négociants. Un nouveau traité est conclu par les princes mafales avec une grande démonstration de bonne foi, promettant aux traitants de ne plus les ennuyer à l'avenir.

Les marchands reviennent et recommencent leur commerce. On les laisse en quiétude pendant un instant assez court après lequel les Mafales recommencent leurs persécutions et les accablent de vexations beaucoup plus grandes encore qu'auparavant. — Les tribus indépendantes de Madagascar et les Mafales principalement n'aiment pas (pour ne pas dire qu'ils détestent) la vue d'un missionnaire. Ils le considèrent comme un homme inutile auquel ils ne peuvent acheter comme aux autres marchands et qui ne donne jamais de présents à leurs chefs, si ce n'est aux rois et aux autres princes. Ils disent que bien des personnes de leurs peuplades ont été tuées par leurs médecines, que dans un temps peu éloigné, si on leur permet de séjourner plus longtemps dans la contrée, tous les Mafales seront détruits et le pays entier pris par leurs ennemis les plus détestés : les Hovas.

Il existe chez les Mafales certains personnages mystiques, auxquels la tribu entière accorde la plus grande croyance, en harmonie, d'ailleurs, avec leur nature superstitieuse.

Ils croient donc qu'il existe dans le lac d'eau noire un de ces monstres ayant sept têtes et appelé « Pitolalahaninani. » C'est, disent-ils, une espèce de serpent à sept têtes, et lorsqu'il s'élève en certaines occasions au-dessus de l'onde, ses têtes touchent jusqu'au ciel... Si grande est la puissance de cette créature miraculeuse qu'elle peut détruire toute la ville en la frappant d'un seul coup de queue. La femme de ce serpent est une « viranobaniandraza », princesse de l'eau, qui habite dans des palais en argent situés sous les ondes, et possède une chevelure rouge qui lui tombe jusqu'à la ceinture. Le roi mafale Baharahi, qui mourut pendant que j'étais dans le pays, était, comme c'est connu de tous, l'enfant d'un des petits-fils d'une Portugaise qui était elle-même la femme d'un capitaine qui perdit son bateau (*bâtiment de négriers*) sur le banc de l'Étoile. La femme du capitaine et quelques esclaves furent seuls sauvés du naufrage. Le roi prit les esclaves comme les siens, et la femme du capitaine devint sa reine et reçut le nom de Vali-Be (*première femme*).

Elle donna quatre enfants au roi, un fils et trois filles. Lors-que le dernier enfant fut assez grand, le roi la renvoya sur la côte pour être placée sur un navire de commerce qui y avait jeté l'ancre, et l'on suppose qu'elle se rendit à Lisbonne. Ses enfants et les enfants de ses petits-enfants sont encore au pouvoir. C'était en 1796.

Les princes et les princesses sont généralement d'une grande beauté et presque blancs; mais, comme ils sont brûlés par le soleil, ils paraissent avoir la peau rougeâtre.

IX

LES SAKALAVES

Leurs coutumes, leur pays, etc.

———

Pendant une période de temps assez considérable les Sakalaves ont été divisés en trois grandes sections ou trois grandes
nations distinctes : les Sakalaves de Ménabé ou de l'ouest ; les
Sakalaves d'Ibonia ou du nord (dont une partie du pays est
sous la domination des Hovas) ; et les Sakalaves de Fiheranga
ou du sud-ouest. Ces tribus tirent leur origine et le nom
qu'elles portent en commun d'une peuplade qui, dans l'antiquité, est venue du sud. On dit que ce sont des Mafales, ayant
à leur tête le plus jeune fils d'un roi dont la mère était une
femme portugaise, qui firent irruption sur les territoires
voisins et par une suite ininterrompue de conquêtes s'incor-
porèrent les différentes populations habitant toute la portion
ouest et nord-ouest de l'île de Madagascar.

L'origine de cette peuplade est entourée de difficultés trop
nombreuses pour qu'il soit en mon pouvoir de les dissiper.
Leur tradition d'un côté, leur langage de l'autre, sont presque
les seuls moyens par lesquels j'ai été capable d'apprendre
quelque chose sur les relations primitives de ces différents
peuples.

Ce prince, d'origine portugaise, avait nom Lahifotsy, et de
la manière dont il fit peur à ses voisins il est évident que sa

tribu avait déjà été gouvernée certainement par quelqu'un de puissant, quelque temps avant qu'il ne prît lui-même les rênes du gouvernement.

C'est d'ailleurs en accord avec la tradition qui rapporte que son frère était lui-même fils d'un étranger qui, à la suite d'un accident quelconque, était venu habiter dans la contrée. C'est un fait assez curieux que, sur les deux côtes est et ouest, l'élément étranger a fréquemment été le moyen d'exercer le pouvoir ou d'obtenir le grade de Chef. Avant la conquête des Hovas sur les tribus de l'est, beaucoup de chefs, les plus puissants de Betsimisaraka, étaient des descendants de pères européens ; c'est de cette origine qu'ils tiraient leur prétention au pouvoir et aux yeux de leurs peuples étaient considérés comme ayant le droit d'exercer leur autorité sur leurs sujets à peau noire.

Du district de Fiheranga, cette tribu, tout en continuant sa marche agressive, se dirigea vers le nord et, passant à travers les rivières d'Ambohotonga et d'Onimanly, pénétra dans le Ménabé en conquérant les Antaigoudros. C'est d'un stratagème dont elle usa en combattant contre cette dernière que la contrée, dit-on, tira son nom.

S'il faut en croire la tradition, un énorme bœuf, de couleur rouge, fut caché par eux en secret et nuitamment dans une tranchée entre les deux camps. Lorsque les habitants s'avancèrent pour l'attaque, des beuglements sonores s'élevèrent subitement du milieu de la plaine et les terrifièrent tellement qu'ils crurent à une intervention surnaturelle en faveur des Sakalaves et que les Antaigoudros se retirèrent précipitamment, laissant leur contrée ouverte à l'envahissement progressif de Lahifotsy.

Chez les Sakalaves, comme chez les tribus du sud en général, il existait, et il existe encore peut-être actuellement, des coutumes curieuses concernant les noms de leurs chefs. Lorsque ces derniers viennent à mourir, ils ne sont pas connus longtemps par le nom qu'ils portaient lorsqu'ils étaient vivants ; mais on leur en donne un nouveau, et les appeler par leur premier nom est regardé comme un crime, parce que ce premier nom devient « faly », c'est-à-dire sacré et défendu.

Le fils de Lahifotsy, connu plus tard sous le nom posthume d'Andriamanetriavo, continua la marche agressive de son père et, afin de prévenir toute division de la part d'Anthonty, son jeune frère, il l'envoya vers le nord, après l'avoir pourvu d'un nombre suffisant de compagnons armés. Sous le règne de Radama Ier, roi des Hovas, le port de Morandava était fréquenté par deux espèces de gens : les pirates et les négriers. C'est d'eux qu'Andriamanetriavo obtint des armes et des munitions en échange de bœufs et d'esclaves, ce qui lui valut une supériorité incontestable sur ses voisins.

Il mérite d'être noté dès à présent, avant de considérer l'époque où nous sommes actuellement et les observations qui s'y rattachent, que les Hovas, connus alors sous le nom d' « Amboalambos », étaient déjà à ce moment-là plus puissants que les Sakalaves. Les Hovas n'étaient tout bonnement, comme du reste ils le sont encore, qu'une tribu intérieure, obligée d'être sous la domination et de payer tribu au roi de Ménabé. Cette situation dura environ un siècle, jusqu'à ce qu'à leur tour, subissant l'impulsion des missionnaires et avec l'assistance des Européens, ils changèrent les choses de face et rendirent les Sakalaves, leurs anciens vainqueurs, leurs tributaires personnels.

Pendant qu'Andriamanetriavo consolidait son pouvoir dans la partie méridionale de l'ouest de Madagascar, son frère, qu'il avait envoyé dans le nord, par une continuelle série de succès, avait posé les bases d'un nouveau royaume sakalave.

Ayant appris les succès de son frère, le roi de Ménabé lui envoya une ambassade pour l'en féliciter et pour conclure avec lui un traité d'alliance. D'après ce traité, les deux frères divisèrent entre eux deux la souveraineté du royaume et eurent chacun un pouvoir séparé.

Parmi les tribus qui avaient été les premières conquises et englobées dans le royaume des Sakalaves du nord, et qui furent connues plus tard sous le nom de tribu d'Ibonia, se trouvaient les Varembos et autres peuplades appartenant sans doute au reste de ces habitants aborigènes d'Ismérina qui avaient été chassés par les Hovas du temps d'Andriamanelo.

Ces diverses tribus des côtes ouest et nord, dont il serait fastidieux de rappeler ici tous les noms, subirent les unes après les autres le joug du roi d'Ibonia qui finit par s'étendre jusque chez les Antankaranas, peuplade située à l'extrémité la plus septentrionale de l'île.

A la fin, ne trouvant plus rien à conquérir, de ce côté du moins, il se tourna vers le sud et fixa sa résidence dans la baie de Bembatoka, où fut fondé dans la suite Majunga. La ligne servant de limite entre les deux royaumes sakalaves était la rivière d'Onara qui prend sa source à environ soixante-dix milles au sud du cap Saint-André, dont les falaises majestueuses et imposantes ont l'air de défier la furie de la mer en courroux.

Ce roi sakalave mourut après un règne de trente ans. Sa mémoire est l'objet d'un véritable culte parmi le peuple, son nom est honoré dans toutes les cérémonies, tant politiques que religieuses, et son esprit invoqué dans toutes les occasions ayant rapport aux intérêts de la nation.

A sa mort, le royaume d'Ibonia, qui n'avait pourtant alors que quelques années d'existence, comptait parmi ses tributaires les plus importantes des peuplades renfermées dans l'île : les Bezanozanos, les Sihanakas, les Antandronas, les Menandys et les Hovas.

Après deux siècles d'un pouvoir entier et absolu, les Sakalaves d'Ibonia commirent une grave imprudence en permettant à leur ennemi commun, les Hovas, d'attaquer leurs amis et alliés de Ménabé et d'envahir leur territoire sans leur prêter la moindre assistance. Car il est tout à fait invraisemblable, si le peuple d'Ibonia fût venu en aide à leurs amis de Ménabé, que les Hovas eussent pu résister à leurs forces réunies. Ils en étaient complètement incapables et la conquête de cette petite portion du pays des Sakalaves de Ménabé aurait été reculée à un temps indéfini. Il faut aussi avouer franchement que les Hovas ont toujours été repoussés du Ménabé avec des pertes considérables et que s'ils détiennent encore en leur pouvoir cette petite partie de terrain depuis Morandava, on doit l'attribuer à la captivité de la reine Ravositira, dont la mort serait terrible si quelqu'un de ses sujets venait à se révolter ou à faire rébellion.

Considérant individuellement chacun des Sakalaves, ils sont toujours braves et d'un esprit belliqueux, comme dans le temps où leurs ancêtres se sont par eux-mêmes rendus maîtres d'une aussi grande partie de l'île. Malheureusement, ils se sont plus ou moins désorganisés par leurs jalousies et leurs divisions intérieures. Ils n'ont pas fait un grand pas vers la civilisation ni dans la manière de discipliner leurs troupes; tandis que les Hovas, avec une intelligence bien inférieure, sont journellement éduqués et bien formés par ceux qui leur ont été envoyés pour prêcher l'Evangile.

Au printemps de 1824, les Hovas n'ayant pas été satisfaits dans leurs négociations, Radama Ier fit les préparatifs nécessaires pour une expédition contre Ibonia. Il était accompagné de M. Hastie (agent anglais), qui fit tous ses efforts pour en arriver à une effusion de sang, par l'autorité des Hovas. La contrée ne s'étant pas trouvée parfaitement préparée pour résister à une invasion, le roi chercha un refuge dans une des petites îles voisines. La seule et faible résistance que rencontrèrent les Hovas fut celle d'un gouverneur arabe de Majunga; elle eut pour résultat la mort à petit feu de ce malheureux gouverneur et le massacre de la population arabe.

Dans le même temps, Radama Ier eut vent que, jusqu'à ce qu'Andriantsoly et les principaux chefs eussent fait leur soumission, une sérieuse réaction s'organiserait aussitôt que les troupes envahissantes se seraient éloignées. C'est pourquoi il envoya un corps d'armée dans le nord de Betsiboka et un autre dans le sud de la rivière. Enfin, se confiant aux artifices remplis de fausse tendresse et de traîtrise de M. Hastie, le roi d'Ibonia trompé fut capturé. Il fut cependant placé seulement sous la tutelle et la garde du gouverneur de Majunga comme un simple prisonnier, et c'est néanmoins là qu'il mourut empoisonné peu de temps après.

Les Hovas ne purent pourtant pas demeurer longtemps en paisible possession de pouvoir sur le pays qu'ils avaient envahi. Dans le courant de l'année suivante, une sérieuse insurrection s'éleva tout à coup. Quelques-uns des forts hovas furent envahis par surprise, Majunga assiégée, prise ensuite, et les villages sakalaves détruits par le feu. Hélas ! tous leurs efforts furent vains contre les forces en partie disciplinées des Hovas, commandées par un « saint » homme, ce maudit missionnaire et agent anglais.

Après avoir imploré l'assistance du sultan de Muscat, qui fit un léger effort pour leur venir en aide, les Sakalaves d'Ibonia battirent en retraite en 1839 et se retirèrent dans l'île voisine de Nosy-Vey. C'est là que, pendant l'automne de la même année, l'arrivée d'un vaisseau de guerre français les amena à demander l'aide du gouvernement français de Bourbon. Cette convention eut lieu en 1840 ; et, en mai 1841, possession de Nosy-Vey fut prise par les Français qui y établirent leur autorité.

Depuis cette date Nosy-Vey est toujours demeurée dans leurs mains et en vertu de leur traité ils peuvent encore de nos jours porter leur prétention sur une grande partie du territoire de ce continent.

Bien que les Sakalaves paraissent avoir tranquillement adhéré à la domination des Hovas, des troubles éclatent encore continuellement et l'autorité des Hovas semble n'être que très faible sur la portion des côtes ouest et nord, si ce n'est dans le voisinage de leurs principaux forts, comme Anoroutsanga, Majunga, Marovoay, Morandava, Midoungy et Mohabo, où ils détiennent comme otage la princesse des Sakalaves de Ménabé. En dehors de l'entourage situé près des places que je viens de nommer plus haut, les Hovas paraissent ne pas avoir, et je dois ajouter qu'ils n'ont réellement, aucune autorité. Le silence et la bonne conduite des Sakalaves dépendent tout bonnement de la crainte qu'ils ont de voir leur princesse torturée et mise à mort par ceux qui la détiennent en captivité; ce qui, dans ce cas, serait une cause de malédiction pour toute la génération des Sakalaves.

Il est donc conséquemment très facile de voir que ces guerriers du vieux temps souffrent maintenant en silence des cruautés et du despotisme des Hovas.

Généralement parlant, on trouve des palétuviers de marais tout le long des côtes ouest, nord-ouest et sud-ouest de Madagascar. A l'entrée de quelques-unes des rivières, ces marais sont d'une étendue considérable et il va sans dire qu'ils sont plus ou moins des lits de fièvre. Bientôt cependant, le pays, pour parler de la majeure partie, s'élève fréquemment et je me suis trouvé en face de montagnes d'une hauteur considérable que bordait le rivage de la mer.

Les Sakalaves d'Ibonia ont été témoins, pendant la dernière guerre, de la lâcheté des Français qui, après les avoir poussés à la rébellion, les ont honteusement abandonnés à la vengeance et à la cruauté des Hovas. Sur le sol d'Ibonia se trouvent bien des squelettes sans têtes dont les ossements calcinés blanchissent sous le feu du soleil, attendant à être vengés pour des meurtres aussi cruels et pour d'aussi barbares décapitations.

La côte ouest de Madagascar est beaucoup plus riche et plus saine que la côte est. Les navires et les bateaux y trouvent beaucoup plus de sécurité. Depuis la baie de Saint-Augustin jusqu'à Marombay la navigation des petits bateaux est protégée contre la violence des flots du canal de Mozambique par des récifs de corail et de grès au milieu desquels se trouve un abri spacieux et excellent. La baie de Tullear est protégée par un long récif de corail avec deux bonnes entrées où vous pouvez pénétrer sous n'importe quel vent; elle forme l'un des meilleurs et des plus larges ports de toute la côte ouest.

De Kitombo à Morandava, il n'y a aucun récif pour défendre la côte; il se trouve seulement quelques îles où les bateaux et les petites embarcations peuvent toujours trouver un refuge pendant la saison des pluies ou lorsqu'un grain vient à s'élever sur les flots. Belo, à trente milles au sud de Morandava, ainsi que les rivières de Quitombo et d'Adalanda, sont de même de magnifiques ports et de toute sûreté pour les navires de trois à quatre cents tonnes.

Entre les bancs de sable qui dessèchent à marée basse et le continent se trouve une nappe d'eau unie et de toute beauté, navigable pour les canots qui la sillonnent fréquemment de long en large sur les bords de la côte et dans les eaux de laquelle se trouvent en quantité différents poissons de qualité exquise.

La marée monte à environ dix ou seize pieds, et lorsque les récifs de coraux et les bancs de sable sont desséchés, à la mer descendante, vous avez alors le moment opportun pour recueillir des coquilles magnifiques et des choses rares de différents genres et autres curiosités magnifiques de mer. En vérité, c'est un bien riche champ que celui-là, car de tels objets ne sauraient guère être trouvés aucune part ailleurs. Presque toute la côte ouest du rivage de la mer de Madagascar est formée d'un sable blanc et fin. Les Sakalaves préfèrent vivre sur ce sable que dans tout autre endroit, parce qu'il leur apporte un lit plus moelleux pour leur corps quelque peu paresseux comme le sont en général les « Vezos. »

Cependant, à quelques minutes de marche des bords de la mer, s'élève une forêt à la fois dense et ténébreuse, entre-coupée de plantes grimpantes qui s'étendent dans toutes les directions. Ces plantes rampantes et grimpantes la rendent presque impénétrable. Quoique ces forêts ne soient pas très larges, en certains endroits elles demandent parfois cependant un ou deux jours de marche pour passer au travers.

Les Hovas, en traversant ces épaisses forêts, sont toujours sur le qui-vive entre leurs stations de Morandava, Zanzina, Ambohimène, Andakabé, Mohabo, Malimbandy et Midoungy, parce que les guerriers sakalaves, qui sont cachés dans ces parages, épient le moment opportun de venger leurs parents et leurs amis sur leurs mortels et cruels ennemis les Hovas.

Après avoir parcouru quelque distance le fourré devient moins épais; les arbres croissent alors hauts et droits, et par conséquent la route ou sentier devient plus plaisante et beaucoup plus agréable. Dans cette partie du pays le terrain est plat ou à peu près, et recouvert de gazon. Les fièvres y ont établi leur demeure et plus particulièrement dans les marais de Mohabo, Morandava et Andakabé.

Après un jour de marche dans l'est de Mohabo, la contrée s'élève et cette forme plane du terrain se change en gracieuses ondulations renfermées dans de vastes étendues de forêts et de montagnes où les grenats et autres pierres précieuses, de toutes couleurs, se trouvent en quantité considérable après la saison des pluies.

Pendant cette saison des pluies croissent en abondance les plantes les plus jolies et les plus variées, et la contrée, principalement pour ceux qui habitent les rivages de la mer, présente l'aspect le plus pittoresque et le plus varié. En ce qui concerne la flore de cette partie de l'île, je dois faire remarquer qu'elle est entièrement différente de celle de la côte est.

Ces arbres énormes, que l'on nomme tamariniers, croissent en abondance dans ce pays et n'existent pas sur la côte est.

J'avais formé le dessein de donner une description complète du pays, du peuple, des productions, du climat, etc., etc.; mais, pour le faire, cela m'aurait demandé trop de temps, et une longue vie au milieu d'eux, ce qui malheureusement ne m'a pas été permis de faire.

Pourtant je ne puis omettre de mentionner ici un des nombreux arbres qui croissent sur la côte ouest et auquel les Sakalaves ont donné le nom de « reinalia » ou « reine de la forêt. » Sa circonférence est de 24 à 38 pieds, et sa hauteur en atteint de 35 à 40. Il n'a pas de branches du tout, mais une petite couronne ronde de feuilles existe à son sommet.

L'écorce en est très dure et très épaisse, mais le bois intérieur est tellement tendre qu'on peut facilement le rompre avec les doigts. Il ressemble assez au « baobab » qui pousse également en grande abondance près de Nossidoolo et de Ranapassy.

A l'est de cette partie du royaume des Sakalaves se trouve

une chaîne de montagnes s'étendant du nord au sud. Elles
ne sont pas d'une grande hauteur. J'ai estimé que leur élé-
vation pouvait être de 1.500 pieds environ au-dessus du niveau
de la mer. Leur extrémité sud est à mi-chemin, à peu près,
du pays des Mafales à la mer. Quant à leur extrémité nord,
elle se trouve à environ six jours de marche de Passendava.
Cette chaîne de montagnes forme la frontière entre les Sakalaves, les Betsileoniaus, les Ibaras, les Hovas et les Antenos.
Dans la portion sud-ouest de l'île, la contrée se divise selon
les rivières, c'est-à-dire que les différentes divisions tirent
leurs noms des rivières qui coulent dans leur territoire. Commençant par le sud en nous avançant vers le nord, la première
division est la province d'Onilahyny, parce qu'elle est arrosée
par la grande rivière d'Onilahyny qui va se jeter à la mer
dans la baie de Saint-Augustin. La suivante est la province
de Fiheranga, parce qu'il y passe la rivière de Fiheranga qui
tombe dans la mer un peu au nord du village de Tullear ou
Tolia. Environ huit milles plus loin dans le nord se trouve la
province de Monombo avec la rivière et le village du même
nom. Ces trois provinces réunies forment le royaume de
Fiheranga. C'est sans contredit le plus grand, le plus puissant
et le plus indépendant des royaumes de cette partie de la
côte. Ses frontières du sud sont comprises entre les provinces
d'Onilahyny et Angalahyny et la contrée habitée par les Mafales, tribu si redoutée.
Là province de Morambo forme par elle-même un petit
royaume sakalave indépendant de chaque côté de la rivière
Mangoky, le plus large cours d'eau de la côte ouest, ayant une
énorme embouchure dans la mer, au village appelé Quitombo.
C'est là qu'est le troisième royaume sakalave indépendant,
appelé royaume de Kitombo; et c'est en cet endroit que réside
mon ami le plus sincère et le plus dévoué, et en même temps
mon frère de sang, le roi Diamanga, à côté de mes autres
chers amis, C. Pépin, L. Grevé, A. Taber, A. Samat, J. Baptiste, qui, après avoir été chassés et expulsés de Morandava
par les Hovas, poursuivis comme des bêtes fauves à Belo et

à Passalava, furent enfin reçus et traités avec bienveillance par le roi Diamanga. C'est ce dernier qui refusa de livrer ni eux ni leurs têtes aux ambassadeurs hovas, envoyés vers lui de Mohabo et d'Andakabé avec des ordres émanant de la Capitale et d'après le commandement d'un homme blanc, Willoughby.

Au nord de celle-ci se trouve la première province de Ménabé dans laquelle les Hovas possèdent trois stations militaires : Mohabo, Andakabé et Morandava, cette dernière maintenant déserte et emportée par la mer. C'est là que le steamer anglais *Normandy,* capitaine Grant, débarqua pour les Hovas des armes et des munitions qui restèrent sur la grève pendant plus de six semaines avant d'être enlevées pour être ensuite portées dans l'intérieur..... Et dire qu'il ne se trouva pas un seul vaisseau français à proximité !..... Et cependant les Français avaient été informés du fait.

C'est dans Morandava qu'habite cet homme mal famé et d'une probité douteuse, M. Victor W. Stanwood, agent consulaire des Etats-Unis, le pionnier le plus vieux, comme il se vante d'être sans raison, mais aussi le plus hardi de la côte ouest (je veux dire en fourberie). A ses côtés, il a comme bras droit cet esclave hova, ex-forçat de l'Ile Bourbon, Daniel Rakoto, XIe Honneur, aide de camp du premier Ministre, etc..., aujourd'hui catholique, demain méthodiste, et le jour suivant mahométan. Ce sont ces hommes qui représentent, l'un les Etats-Unis et l'autre le glorieux gouvernement hovas que les soldats français et leurs gouvernants ont eu peur d'attaquer..... et de soumettre.

Il ne m'est pas possible d'établir d'une façon positive le nombre des Sakalaves de l'ouest, et ce que je vais rapporter n'est qu'un calcul approximatif. Dans le royaume de Fiheranga, qui a le plus d'habitants, je puis évaluer la population à environ cinquante mille âmes. Morambo et Kitombo en ont ensemble environ trente-cinq mille. Le Ménabé a de trente-cinq à quarante-cinq mille habitants. En raison des habitudes d'émigration des Sakalaves, la population varie continuellement de six cents à trois mille âmes. Dans les trois royaumes qui ne sont pas soumis à la domination des Hovas, on peut évaluer à dix-huit mille environ les peuplades résidant sur la côte et que l'on appelle « vezos » ou « pêcheurs. »

Dans le courant de ces dernières années, des stations de commerce ont été établies par les Américains, les Français et les Anglais. Elles sont encore assez prospères, quoique l'échange avec les naturels s'y fasse d'une façon vraiment scandaleuse. Ces traitants mêlent du sable noir à leur poudre, ils échangent des fusils à pierre, ayant le canon fendu, des haches en fonte, des hameçons en étain, des vêtements de mauvaise qualité et jusqu'à de la fausse monnaie. Je me suis souvent demandé comment ces pauvres peuples, si souvent trompés et volés par ces commerçants, ne prennent pas une prompte revanche pour cette canaillerie et ce libertinage commis par les blancs.

Le sol du pays est des plus fertiles, il est couvert d'herbes grossières, mais la plaine peut être facilement cultivée. Les principaux produits sont les bananes, les plantains, le riz, le maïs, le manioc et les patates dont ils font deux récoltes par an. Des cannes à sucre de différentes qualités y croissent sans aucun soin, et c'est avec ces cannes qu'ils font leur rhum. On y voit également du tabac, du café, des mûres et des aruns de qualités diverses. Les pêches, les goyaves, les ananas, les citrouilles, les calebasses et le poivre de Guinée y poussent sans aucune culture.

Pendant mon séjour à la côte je n'ai presque pas trouvé de différence entre les pluies qui tombaient pendant la saison pluvieuse et celles qui tombaient pendant la saison sèche. C'étaient toujours quelques légères averses, entrecoupées de quelques forts grains d'orage venant du nord-ouest. La saison des pluies se trouve entre octobre et mars, et on peut aussi l'appeler la saison des orages, quoique cependant jamais un véritable tonnerre, si fréquent dans l'intérieur et dans l'est, n'ait visité cette partie de la côte de Madagascar. C'est comme en ce qui concerne la pluie : il y a une différence énorme entre la manière dont elle tombe à la côte ouest et la manière dont elle tombe à la côte est, où elle arrive en grande abondance tous les ans à la même époque.

Le peuple cultive principalement le maïs, les patates, le manioc et le « tavolo » ou « arrowroot » dont il forme sa principale nourriture. On y cultive également deux espèces de pois ou de fèves, mais seulement pour vendre aux traitants européens. Le riz est peu cultivé par la raison que les Sakalaves ne demeurent jamais longtemps à la même place et qu'ils n'ont qu'un goût très faible pour l'agriculture. De grandes plantations de riz pourraient cependant être faites au bord des rivières et facilement arrosées.

En parlant des rivières je dois dire que le Mangoky, qui se jette dans la mer à Kitombo par cinq embouchures différentes, est navigable pour les bateaux de six à huit tonnes et pour les canots les plus larges, pendant une distance assez considérable. J'ai moi-même navigué sur cette rivière pendant au moins cinquante-cinq milles. Les bords en sont grands, magnifiques, je dirai presque sublimes, et je la considère comme la plus grande rivière de la côte. Je sais aussi pertinemment que les vaisseaux calant de douze à seize pieds de profondeur peuvent trouver un mouillage sûr et délicieux à Kitombo et à Adalanda. Cette rivière est, sans aucun doute, la continuation de celle de Matsiatra et probablement de beaucoup d'autres venant du sud des pays des Bétsileoniaus et des Hovas.

Pendant l'espace de temps qu'ils appellent saison des pluies, la chaleur avec les vents du sud-ouest est très forte. Sur les bords de la mer j'avais, pour me rafraîchir, la brise de mer qui commence à souffler sur le coup de midi et qui continue jusqu'au coucher du soleil lorsque le vent de la terre commence à son tour à s'élever. La fièvre qui sévit sur le rivage ne présente aucun caractère dangereux, mais il n'en est pas de même de celle qui règne dans l'intérieur de Madagascar et sur la côte est où les Européens ne peuvent s'éjourner qu'un espace de temps très court, à cause du climat et de la vie de débauche qu'ils y mènent.

L'ouest, le sud-ouest et le sud de Madagascar peuvent être considérés comme très sains, et je dois avouer qu'aucune contrée n'est plus favorable à la santé ni plus en rapport avec le tempérament des personnes atteintes des maladies de poitrine que le sud-ouest de Madagascar. Il semble qu'il y a, dans l'air comme dans l'eau, un je ne sais quoi, mais enfin quelque chose qui renforce leur tempérament chancelant. Je connais plusieurs personnes de l'île Bourbon qui sont venues passer quelques années à Madagascar avec un seul ou seulement une partie de poumon, qui y habitent depuis plus de dix ans et ont des enfants du plus vigoureux tempérament. Eux-mêmes sont d'une santé des plus florissantes. Mon ami, M. Grevé, un naturaliste de profession, sur l'ordre de ses médecins, a quitté l'île Bourbon depuis quatorze ans. A son arrivée sur la côte ouest, il a épousé la fille d'un chef, et depuis ce temps il n'a jamais ressenti un seul jour de maladie, bien que ses occupations l'appellent continuellement sur toutes les parties de la côte ouest.

La plus grande plaie des côtes ouest et sud-ouest, principalement pendant la saison des pluies, ce sont les moustiques. Mais en brûlant un peu de « peny-royal » (espèce de camomille), ou en faisant un grand feu avec le bois pourri du palétuvier autour de votre maison, vous vous en débarrassez assez facilement.

Les Sakalaves se divisent eux-mêmes en Vezos et en Mashikoros. On appelle Vezos ceux qui vivent sur les bords de la côte, les marins, les pêcheurs et les hommes qui s'occupent de travaux ayant rapport à la mer. Les Mashikoros, au contraire, sont les Sakalaves qui habitent l'intérieur des terres, les fermiers, les chasseurs, les guerriers. Ces deux tribus doivent néanmoins obéissance au roi sous la domination duquel le hasard les a appelés à demeurer.

En général, les Mashikoros sont plus nombreux que les Vezos, c'est pourquoi les rois résident habituellement chez eux. Ils font cependant de fréquentes visites aux Vezos, spécialement lorsqu'un navire vient à être jeté sur leurs côtes.

Il est une chose bien entendue, c'est que, d'après leurs lois et leurs coutumes, un navire qui fait naufrage, ce qui arrive neuf fois sur dix par la négligence des capitaines et des officiers, devient leur propriété, excepté les vêtements seuls des marins. Dans aucun cas cependant les Sakalaves n'aborderont un navire sur le rivage ni ne prendront par force les vêtements ou autres choses appartenant à l'équipage ou aux officiers de n'importe quel navire.

Les Sakalaves sont des peuples d'une constitution robuste et d'un joli physique. Leur couleur est beaucoup plus claire que celle des nègres et, chez eux, ils passent pour être de véritables hommes blancs, comme ils le sont par le fait, vu que presque tous sont les enfants ou petits-enfants de baleiniers américains ou d'Européens ayant fait du commerce sur cette partie de Madagascar. Les Sakalaves possèdent généralement une chevelure longue et frisée, ils ont le front haut et large, les yeux grands et bien taillés, des narines quelque peu grandes; ils ont l'air fier et l'aspect martial et possèdent une intelligence assez développée. Ils ont des passions fortes et faciles à exciter, ce qui les rend rudes, sauvages et toujours impétueux dans leur manière de faire, surtout s'ils sont irrités ou volés par les actes, les dires ou les ruses des hommes blancs.

En général, les Sakalaves, tout aussi bien que les Ibaras, les Antenos, les Ikongos, les Sinanakas, les Mafales et autres, n'aiment pas, je dirai plus, ils détestent et haïssent les missionnaires anglais de Madagascar. Ils les considèrent comme des hommes d'une inutilité complète qui ne sont pas capables de leur enseigner comment les autres blancs construisent les vaisseaux, font des fusils, des canons, de la poudre, etc., etc. D'ailleurs, les missionnaires qui se rendent au milieu d'eux n'y viennent guère que pour les voler en échangeant contre une quantité énorme de leurs meilleurs produits de mauvais vêtements, de la poudre mélangée avec du sable, des fusils qui éclatent à la première décharge, et autres articles de même qualité. Aussi, ils disent que ces missionnaires leur

donnent de mauvaises médecines qui tuent le malade au lieu
de le guérir, et qu'ils seraient la cause, s'ils demeuraient plus
longtemps au milieu d'eux, que toute la population sakalave
serait anéantie dans un très court espace de temps.

Lorsqu'un Sakalave marche ou demeure dans un endroit,
il doit toujours avoir ses moyens de défense personnelle à
portée de sa main. Des combats cruels et sauvages s'enga-
gent souvent entre eux, et beaucoup de Sakalaves y perdent
la vie ou y sont estropiés pour jusqu'à la fin de leurs jours.
Un Sakalave sans fusil et sans lances est, pour eux, une parfaite nullité, mais avec ces armes, c'est un homme hardi et
courageux.

Pour les futilités les plus petites et les plus triviales, pour
un rien, les Sakalaves entrent dans des querelles excessivement violentes les uns avec les autres. Un fois, j'avais un
garçon sakalave qui prenait soin de mes fusils et de mes
munitions; il dit un jour à un de ses camarades : « En vérité,
vous êtes une honte pour notre fier et brave pays, car vous
savez bien que vous avez épousé une femme qui n'est qu'une
esclave. » — « Vous devriez, répliqua l'autre, avoir encore
plus de honte que moi, car vous, qui êtes si orgueilleux, vous
êtes marié à la femme la plus laide que j'aie jamais connue ! »
Tous deux se mirent alors à crier : « Laissez-nous nous battre,
laissez-nous nous battre ! » Ce duel, qui avait été ainsi suscité,
eut lieu en un clin d'œil. Ils combattirent avec leurs lances et
leurs mousquets, maniant leurs assagaies et faisant feu l'un
contre l'autre comme deux farouches petits sauvages ; et, par
le fait, ils étaient cruels, braves et farouches dans leurs mouvements. Leur lutte eut pour résultat une épouvantable blessure
pour eux deux, et peu s'en fallut qu'ils ne perdissent la vie.

Les « Vezos » ou « marins », étant en plus petit nombre et
conséquemment plus faibles, craignent d'engager un combat
avec les Mashikoros, qui sont deux fois plus nombreux et
plus robustes. Une querelle vient-elle à s'élever entre eux
pour une cause quelconque, vite les Vezos prennent leurs canots et s'en vont le plus loin possible au nord ou au sud, selon

le côté où le vent les pousse, pour fuir la cruauté des Mashikoros qu'ils savent être incapables de naviguer en canots.

Ce n'est qu'un léger embarras pour les Vezos de détruire
leur maison tout d'un coup, attendu que toute leur fortune
peut facilement être portée sur l'épaule d'un homme ou sur la
tête d'une femme. Les pauvres huttes qu'ils construisent sur
le sable ne sont que d'une valeur excessivement minime et
les quitter ne leur fait ni peine ni chagrin. Leur possession
qui a le plus de valeur est leur canot, et c'est ainsi qu'ils le
considèrent, parce que c'est leur seul moyen d'échapper à
leurs ennemis. C'est pourquoi chaque famille possède ses
propres canots qui sont généralement assez larges pour pouvoir porter de six à huit personnes.

La fuite offre une certaine difficulté lorsque les « Vezos »
possèdent des troupeaux, ce qui est assez rare, hormis le cas
où ils sont incorporés eux-mêmes avec les Mashikoros, et ils
sont alors protégés par le roi comme de grands hommes. Les
Mashikoros font souvent irruption sur la côte et enlèvent les
troupeaux des Vezos. Il est inutile que ces derniers songent à
se venger, car ils sont beaucoup plus faibles et comme nombre
et comme bravoure. Cependant, chaque tribu, de son côté,
sent le besoin de demander le secours de l'autre pour l'aider
à supporter la vie. En cette occurrence, il arrive souvent que
les deux tribus vivent en parfaite intelligence et en mutuelle
amitié pendant assez longtemps ; pour le riz et autres produits, les Vezos dépendent de ceux de l'intérieur, et les
Mashikoros dépendent des Vezos pour le sel, le poisson et
pour le passage le long de la côte.

Ils s'entre-marient aussi fréquemment, et c'est pour cela
que le Vezo devient parfois Mashikoro, et réciproquement le
Mashikoro, Vezo. Les Mashikoros sont encore de purs Sakalaves, tandis que les Vezos, en ces derniers temps surtout,
ont eu une augmentation de population venant des pays étrangers. Néanmoins, ils prétendent tous être de véritables Sakalaves et veulent être considérés comme tels. C'est pourquoi
ils s'attachent aux opinions, aux coutumes et à la manière de

faire de leurs ancêtres; c'est leur honneur et leur orgueil.
Malheur au Sakalave qui deviendrait partisan des idées et de
la manière de vivre des Hovas !

A l'instar des autres royaumes indépendants sakalaves, ils
ne restent pas longtemps en bonne intelligence les uns avec
les autres, ni sur le même pied d'amitié, bien qu'ils considèrent les peuples des autres tribus en quelque sorte comme
leurs compatriotes. Ils sont fréquemment en guerre les uns
avec les autres, et les causes invoquées comme *casus belli*
sont nombreuses et différentes ; tantôt c'est l'enlèvement de
troupeaux, des querelles entre petits princes au sujet de l'hé-
rédité ; tantôt ce sont des remarques blessantes à l'égard d'un
prince ou de tout autre, des difficultés à propos de frontières,
la prétention de tel ou tel prince à la suprématie sur tous les
autres, etc., etc.

Bien que les tribus se fassent souvent la guerre les unes
aux autres, les batailles n'en sont pas pour cela des plus meurtrières. Si quelqu'un vient à être tué, c'est immédiatement
connu des deux camps, et tout le monde en a le cœur rempli
d'amertume. Leurs femmes en pleurant se tiennent là pour
négocier la paix, et leurs lamentations ont le pouvoir d'é-
teindre la haine et la soif de vengeance des hommes. Elles
sont aussi la cause de la cessation de la guerre jusqu'à ce
qu'une nouvelle occasion de recommencer les hostilités se
présente d'elle-même, ce qui ne tarde pas longtemps à arriver.

Bien qu'ils soient très violents et très prompts à déclarer
la guerre, le nombre de ceux qui y perdent la vie est très
restreint. Ils combattent seulement en tirailleurs, et chacun
cherche à garantir son propre corps des balles de l'ennemi
qui ne produisent pas d'effets à une grande distance.

Lorsqu'un danger est imminent, ceux qui se sentent faibles
prennent la fuite en temps convenable pour échapper à l'ennemi. Rien ne les dispose plus à la fuite que de voir tomber
ou capturer un des leurs en combattant. L'idée d'assister un
frère blessé n'est jamais venue à leur imagination. En guerre,
jamais ils ne considèrent comme un devoir de la plus petite

importance de secourir un des leurs contre l'ennemi commun.
Chacun combat pour soi et n'a de souci que pour sa propre
vie ; mais prêter main-forte à leurs camarades, cela ne les
regarde pas, ce n'est pas leur affaire. Quand ils combattent
entre eux, ils disent que leurs prisonniers et leurs morts vont
avec d'autres du même Dieu et des mêmes coutumes.

Si l'un des leurs tombe sous le sabre ou l'assagaie, son
sort leur est complètement indifférent, et ils ne sont pas assez
naïfs pour aller se mettre en danger en essayant de sauver
un homme qui tombe. Dans cette occasion, ils préfèrent s'é-
parpiller tout autour de lui en combattant. Cependant pour
rien au monde un Sakalave ne laisserait un des siens, blessé
ou mort, être emporté par les Hovas. Ce serait une tache et
un déshonneur pour toute la tribu.

Une également des raisons de leur manque de courage est
peut-être l'obligation dans laquelle ils se trouvent de combattre parfois contre leurs propres parents qui se trouvent
parmi les ennemis de leur roi.

Lorsqu'une guerre est proclamée, toutes les peuplades sont
obligées de suivre leurs rois et d'entrer en guerre avec eux,
qu'elles le veuillent ou non. Si quelqu'un osait s'excuser en
raison de ce qu'il ne voudrait pas se battre contre des amis ou
des parents, il s'exposerait à subir les plus cruels traitements
de la part du roi et des autres chefs. Sachant qu'il n'a aucune
objection à faire pour ne pas se joindre aux siens pour combattre, si un guerrier pense qu'il est de son avantage de se
joindre aux ennemis de ses rois, il arrive très souvent qu'il
déserte.

La retraite la plus sûre pour les déserteurs est le royaume
de Fiheranga qui est le plus grand et le plus puissant des
royaumes indépendants. C'est donc lui qui offre le plus de protection et de sécurité à ceux qui prennent la fuite.

En ce qui concerne les sentiments des Sakalaves vis-à-vis
des autres tribus de l'île, ils préfèrent, autant que possible,
rester en bons termes avec toutes, hormis les Hovas ou Ambaniandros, auxquels ils ont juré une haine immortelle. Lors-

qu'ils combattent contre les autres tribus, ce qu'ils font toujours avec joie et plaisir, ils ne les considèrent pas comme leurs ennemis.

Les Hovas sont la seule tribu qu'ils regardent avec une véritable inimitié, parce qu'ils croient que les Hovas seuls ont l'intention de s'emparer de leur pays par l'entremise et avec l'aide des missionnaires. Plutôt que de devenir sujets hovas et de perdre leur indépendance, ils préfèreraient combattre et être exterminés jusqu'au dernier.

Tels sont les pensées et les sentiments des Sakalaves depuis les enfants jusqu'aux vieillards, et « si leur princesse Ravana Jeanne, retenue prisonnière depuis son enfance entre les mains des Hovas, ou plutôt née en prison, venait à recouvrer sa liberté, en moins de quarante-huit heures il n'y aurait pas un seul Hovas de vivant sur la côte ouest, et la grande citadelle de Midoungy deviendrait une fois de plus la grande sentinelle des braves et indépendants Sakalaves de l'ouest! »

La haine des Sakalaves à l'égard des Hovas a une origine excessivement ancienne et elle est encore augmentée par la tradition de leurs ancêtres qui l'ont transmise à la présente génération. Cette haine et cette inimitié percent partout, jusque dans leurs cérémonies. Les Hovas ou Ambaniandros ne sont pas considérés par les Sakalaves pour être de véritables Malgaches; ce ne sont que des Malgaches de troisième ou quatrième ordre. Ils considèrent les Hovas comme une imitation de « Mazahas » ou « blancs » et comme les descendants des missionnaires qu'ils détestent cordialement du fond du cœur. Ils appellent les Hovas des « singes d'hommes blancs » parce qu'ils essaient de se vêtir, de lire, d'écrire, de faire en un mot tout à l'instar des hommes blancs.

J'ai habité chez ces peuples presque tout le temps de mon séjour à Madagascar, et lorsque j'étais dans l'état de Boeni, situé au nord-ouest, parmi les Hovas et proche de Majunga, j'ai trouvé des Sakalaves qui étaient là et qui, tout en agissant de manière à ce que les Hovas crussent qu'ils étaient de leur côté, me demandèrent s'ils n'étaient pas encore levés le jour et le moment d'exterminer toute la population hovas qui se trouvait là. Je conseillai à ces peuplades de rester tranquilles et d'agir comme elles l'avaient fait jusqu'alors, disant que je les commanderais si les Français débarquaient et marchaient sur Marovoay, que vingt Français auraient pris très facilement.

A cette occasion, je ferai remarquer le fait suivant dont je garantis l'exactitude : Une nuit, vers dix heures et demie du soir, je rentrai dans Marovoay sans m'y avoir fait annoncer. Ayant trouvé les gardes hovas enveloppés de leurs « lambas » et couchés dans leurs petites cahutes, j'en fermai la porte et enlevai leurs fusils. En même temps je tirai plusieurs coups de revolver en l'air et commandai à mes porteurs de crier que les Français arrivaient. Mes gardes hovas frissonnant et presque morts de terreur me suppliaient, la tête baissée jusqu'à terre, de dire aux Français d'épargner leur vie, car ils les aimaient et détestaient la Reine et le Premier Ministre qui les avaient arrachés par force de leurs maisons et de leurs plantations pour en faire des soldats, qu'ils mouraient de faim et étaient obligés non seulement de monter la garde mais encore de chercher leur nourriture comme ils pouvaient. En rentrant au Palais, je trouvai le gouverneur Rainivoango, XIIᵉ Honneur, prêt à partir et ayant déjà envoyé par ses esclaves toutes les choses de valeur qui lui appartenaient. Voilà la belle armée du nord-ouest!! Ambohitombikely, camp principal des Hovas, commandé par le gouverneur général Ramambazafy, XIVᵉ Honneur, se composait de cinq cent quarante hommes et deux cents officiers avec des fusils Schinder. Quant à Marovoay, commandé par le gouverneur général Rainivoango, XIIᵉ Honneur, sa garnison était de deux cent trente hommes et de deux cents officiers, armés de fusils Schinder. Le 11 mai 1885, ces soldats n'avaient encore ni poudre, ni balles pour leurs fusils.

Lorsque les malheureux Français expulsés de Morandava vinrent vivre dans une petite île appelée « Belo », située à l'entrée nord du port du même nom, Rakoto, XIᵉ Honneur, gouverneur de Morandava et d'Andakabé, envoya contre eux cent hommes pour les massacrer et lui en rapporter les têtes.

Les Sakalaves des environs se précipitèrent immédiatement sur l'île de Belo, en chassèrent les Hovas auxquels ils firent subir des pertes considérables et les auraient certainement tous exterminés si MM. César Pépin, Léopold Grevé, Toussaint, Samat et autres ne les en eussent pas empêchés. Ces Sakalaves dirent aux expulsés de les suivre et qu'ils verraient comment à eux seuls ils tueraient tous les Hovas et reprendraient Morandava et tout le reste du pays pour les donner aux Français. Ces messieurs les en dissuadèrent et même leur défendirent d'aller plus loin et de chercher à faire du mal aux Hovas ; car, disaient-ils, si la France venait à les abandonner, les Hovas leur feraient payer bien cher leur amour pour les Français.

Leur prévision ne s'est malheureusement que trop réalisée; car où sont-ils maintenant ces braves Sakalaves? Fusillés, brûlés ou couverts de chaînes pour la vie; ou bien ils sont dans l'intérieur du pays, cachés derrière les buissons, engageant des combats terribles avec les voyageurs hovas qui vont de Midoungy à Morandava, tombant sur eux à l'improviste et les dépouillant de ce qu'ils possèdent.

Je dis maintenant et ne cesserai de répéter qu'il n'aurait pas été facile aux Hovas de conquérir ces peuplades et ces royaumes indépendants si leur crainte continuelle n'avait été qu'en faisant des razzias chez les Hovas, leur princesse prisonnière à Mohabo n'eût été tuée. Ce n'est que cela qu'ils redoutent; car, s'ils faisaient tuer leur reine par les Hovas de leur propre faute, son sang, d'après leurs idées, retomberait pour toujours sur leurs têtes et sur celles de leurs enfants, et toute la tribu des Sakalaves de Morandava et du district de Mohabo serait à jamais maudite.

Quoique les chefs et les rois sakalaves soient souvent en chicane entre eux, lorsque les Hovas ou Ambaniandros leur déclarent la guerre, ils deviennent immédiatement unis et se lèvent comme un seul homme pour leur faire résistance.

La dernière guerre franco-malgache a laissé d'étranges idées aux Sakalaves et ils m'ont demandé maintes et maintes fois s'il était vrai que les Ambaniandros Dogs avaient été capables de faire peur aux Français et de les chasser de leur contrée, et pourquoi les Français, leurs amis de vieille date, au lieu de rester chez les Betsimisarakas et autres tribus de l'est, n'étaient pas venus chez eux pour contempler comment les Sakalaves combattaient, et pourquoi les Français employaient leurs canons à Majunga et à Tamatave pour les autres au lieu de venir chez eux et de s'en servir pour délivrer leur princesse.

Les Sakalaves croient à l'existence d'un Etre Suprême qu'ils appellent généralement *Andriananahary*. Ils le considèrent comme le prince créateur et organisateur de toutes choses. Un Sakalave ordinaire ne doit pas prétendre en connaître davantage sur ce Dieu. Les « Anakias » ou prophètes sont les seuls qui déclarent avoir une parfaite connaissance de l'Etre Suprême. Ces hommes s'arrangent entre eux pour se faire passer à être autorisés à ne donner au peuple sur ce Dieu aucune des informations qu'il désire avoir.

Andriananahary est pour les Sakalaves un objet de frayeur, mais non de leur amour ni de leur tendresse. Ils admettent pourtant qu'il veille sur eux et gouverne les affaires humaines. Leurs idées à son égard sont très drôles et très primitives. Ils croient que son caractère, sa nature, sa manière d'agir sont absolument les mêmes que les leurs, qu'ils sont en cela faits à son image et qu'ils lui sont égaux en toutes choses, si ce n'est en puissance, en sagesse et en énergie de volonté. Ils croient que le plus grand roi sakalave est celui qui ressemble le plus à Andriananahary, parce que, pour qu'un roi soit parfait, il faut, supposent-ils, qu'il soit un mélange de beaucoup de bonté et de beaucoup de perversité.

Les Sakalaves ont la ferme croyance et disent que dans le principe il y avait deux personnes, un mâle et une femelle, qui étaient placés dans une certaine partie de Madagascar et probablement dans le pays des Sakalaves — « dans une magnifique contrée de leur pays où il n'est plus permis maintenant d'aller et où les bœufs blancs ont seuls entre tous la permission de séjourner à l'heure actuelle. » — Ces deux êtres étaient extrêmement heureux parce qu'ils n'avaient rien à faire qu'à s'asseoir, à regarder de chaque côté et à se réjouir de jour en jour. Un jour, ils reçurent la visite d'un être étrange, appelé « Do » qui n'était autre qu'un affreux serpent rouge avec deux bras de feu. « Pourquoi demeurez-vous ainsi dans une pareille inaction? » dit-il à ces deux heureuses personnes; est-ce là le chemin qui conduit à une vie confortable et à la fortune? » Ces deux êtres furent très surpris d'une semblable question et se permirent de répondre au hasard à ce grand orateur qu'ils étaient heureux dans leur position présente parce qu'ils n'avaient rien à faire si ce n'est qu'à avoir soin de s'abstenir de certaines choses qui leur avaient été défendues parce que telle était la loi qu'ils avaient reçue d'Andriananahary. Mais Do, le serpent, leur prouva que justement ce qui leur était défendu était ce qu'ils devaient faire pour être véritablement heureux. De sorte qu'ils écoutèrent les paroles de Do, le serpent, justement parce qu'il se moquait de leur folie, ils trangressèrent la loi qu'ils avaient reçue d'Andriananahary et devinrent d'un mauvais caractère. De là ils prétendent qu'Andriananahary et Do ayant fait leur caractère, ils doivent conséquemment tenir des deux et être à la fois bons et mauvais.

Les Sakalaves considèrent en outre Andriananahary comme gouvernant sur la vie et la mort; mais, en plus de lui, il existe aussi d'autres êtres qui sont causes de la mort. C'est pourquoi, si quelqu'un vient à tomber malade, les parents vont d'abord demander aux devins si la maladie aura oui ou non la mort comme résultat. Après la réponse des devins, les parents du malade préparent les esprits pour les avertir de cette épouvantable calamité. Ils envoient immédiatement chercher un bœuf. S'ils n'en ont pas eux-mêmes, ils sont obligés d'en acheter un qui doit être petit, de petite condition et le meilleur marché possible. Lorsqu'on s'est procuré le bœuf, les parents et les amis du malade se rassemblent entre eux et forment un cercle dans le milieu duquel est placée la victime. Un petit autel appelé *vavara* est élevé. Le chef de la famille s'avance alors

vers la victime et récite une formule de prière dans laquelle
lui, devant Andriananahary, déplore la calamité présente ; car,
dit-il, la mort s'est approchée de la famille.

En cette occurrence, ajoute-t-il, grandes sont leur détresse
et misère, et ils sont tous remplis de terreur. Voilà pourquoi
ils font hommage de la vie d'un bœuf, et l'offrent en présent
à Dieu en échange d'une vie humaine.

C'est alors qu'a lieu le sacrifice de la victime. Le chef de la
famille lui donne le premier coup de couteau ; ensuite les autres
s'avancent, lardent, transpercent de lances, entr'ouvrent et dé-
coupent de la manière la plus cruelle ce pauvre animal jusqu'à
ce qu'il soit mort. Ils le dépècent alors sans le dépouiller, parce
qu'enlever la peau d'une victime serait considéré comme le
plus grand péché contre la coutume des ancêtres.

Le peuple prépare alors ses pots pour faire la cuisine, pendant que le sacrificateur prend le suif du bœuf et le place sur
une espèce de gril ou sur le feu qui brûle sur l'autel, afin que
cela soit agréable à Andriananahary. Ensuite la viande est rôtie,
puis mangée. De petits morceaux en sont envoyés comme présents aux amis de la famille qui n'assistent pas au banquet
du sacrifice, et la fête touche à sa fin.

On apporte aussi du rhum pour cette cérémonie. Cette liqueur est divisée en deux parties égales : une qu'ils boivent
eux-mêmes, et l'autre qui est versée sur l'autel pour Andriananahary.

Une autre coutume très étrange appelée « Bilo », et qui
existe chez les Sakalaves. Lorsqu'un homme est souffrant ou
qu'une femme est très malade et proche de la mort, le « Bilo »
doit être chanté devant lui ou devant elle. Il est exigé que le
malade soit présent durant ce procédé ; si cependant ils sont
trop malades sur le moment, l'homme ou la femme se font
représenter par quelqu'un de leurs parents.

Lorsqu'on forme le « Bilo », ceux qui doivent en faire partie
envoient chercher dans la forêt quatre pieux d'une certaine
longueur, dont les sommets doivent être fourchus de manière
à recevoir d'autres pièces de bois. Ces quatre pieux sont en-

foncés dans la terre à une distance convenable ; une espèce
de charpente, faite de pièces de bois rondes, est placée sur ces
quatre pieux ainsi plantés ; puis, sur cette charpente sont posés
des bâtons entrelacés de manière à former une espèce de bois
de lit, appelé « Kitrele. » On construit une petite échelle pour
pouvoir monter au sommet. Si le malade est un homme, le
Valy Bilo (fétiche nu fait à l'image d'un être humain) représente une femme, et il représente un homme si c'est une femme
qui est malade.

Une fois ces préparatifs terminés, la personne malade, es-
cortée par tous ses parents et amis et les habitants des villages
environnants, habillée de ses vêtements les plus beaux et présentant l'aspect le plus bizarre et le plus intéressant, s'avance
lentement vers le « Kitrele. » Le peuple s'étant rassemblé
entoure ce « Kitrele. » Une grande quantité de rhum a été en
prévision apportée sur la place.

Des jeunes gens ont été approvisionnés de mousquets, et la
cérémonie commence par la détonation de plusieurs coups ;
puis les femmes se mettent à chanter et à battre des mains.
L'homme ou la femme malade est alors enlevé et placé sur la
plate-forme dressée sur les quatre pieux. Les hommes les plus
vieux et ceux qui commencent à grisonner se mettent à boire
un peu de liqueur. Alors un des parents de la femme malade
ou un de ses intimes amis s'avance dans l'intérieur du cercle,
et commence à danser, à l'édification des assistants. Celui qui
est le plus élégant et le plus gracieux dans ses mouvements et
dans ses attitudes est le plus applaudi. Au milieu des détonations des fusils et du chant des femmes, on entend les éclats
de rire occasionnés par les mouvements excentriques de la
danse. Lorsque le premier danseur est fatigué, un autre lui
succède immédiatement ; tout le groupe des chanteurs mâles
et femelles se joint à lui. Ils se séparent en groupes, sautent,
piétinent en décrivant des cercles et avec des mouvements
cadencés ; de sorte qu'un nuage de poussière enveloppe les
danseurs qui bourdonnent plutôt qu'ils ne chantent sur un ton
des plus monotones, prononçant des paroles plus ou moins

intelligibles, mais qui sont toujours des vers faits pour cette occasion.

Lorsqu'on est arrivé à une certaine partie de la cérémonie, les chants et les danses cessent, et la personne malade, si elle en est capable, ou, à son défaut, celui qui la remplace s'avance alors au milieu du cercle, et commence une danse qu'il effectue au milieu de cris d'allégresse de toute l'assemblée. Lorsqu'il a fini, les assistants s'en emparent et le transportent aux bords de la mer. Ils le plongent dans l'eau pendant un court espace de temps, et regagnent tous ensemble leur demeure respective.

Les Sakalaves ont recours à l'ordalie suivante, dans le cas où il leur est impossible de découvrir par l'investigation ordinaire si un homme est coupable ou innocent du crime qui lui est imputé. Cette ordalie est appelée « tsiripika » ; ils l'emploient pour découvrir les voleurs, les empoisonneurs, et tous ceux qui ont commis un crime quelconque. Voici la manière dont ils en font usage :

Un fusil chargé et une lance sont apportés et placés côte à côte sur le sable ; la pointe de la lance et l'âme du fusil sont tournés du côté de l'est parce que l'est est la direction qu'il faut suivre pour rechercher Andriananahary, c'est-à-dire Dieu.

Un gros homme, le plus vieux chef, qui connaît les formes de la cérémonie, est alors assigné. Il s'avance vers les armes un bâton à la main, et ayant l'air de s'adresser aux armes, il fait alors un discours à Andriananahary, le suppliant de faire connaître sa volonté par les actes du fusil et de la lance, lui demandant et l'implorant afin que la vérité soit connue de tous. Pendant qu'il parle, il frappe légèrement de son bâton le fusil et la lance, et lorsque son discours est terminé, les armes sont enlevées, et l'accusé obligé d'embrasser le fer de la lance et la bouche du fusil. Ces armes sont portées quelques pas du côté de l'est, et le fusil déchargé dans la même direction. Si le coup part, l'accusé est justifié et rendu à la liberté ; mais, s'il ne part pas, il est considéré comme coupable et tué sur-le-champ.

La seconde manière de pratiquer l'ordalie par le « tsiripika » est la suivante :

Un morceau de fer est rougi au feu ; si l'accusé est capable d'endurer ce fer ardent sur la langue sans qu'elle soit brûlée, il a alors prouvé son innocence et est considéré comme tel. Beaucoup de vieux Sakalaves m'ont affirmé plusieurs fois non pas avoir subi cette ordalie, mais avoir vu des personnes la subir sans être brûlées.

Tout près d'Adalanda, dans le royaume de mon frère de sang le roi Diamanga, où MM. Pépin, Grevé, Taber, Samat, Baptiste et autres trouvèrent asile et protection contre la tyrannie de Rakoto, XIᵉ Honneur, gouverneur de Morandava et d'Andakabé, se trouve un petit village appelé « Popoposy » où, pour la première fois, j'ai vu des graines de « Tanatanampotsy » qu'ils appellent « Voanongo. » La plus belle de toutes les pelures en est retirée, et ils la roulent en petites globules sur un brin d'herbe solide, et s'en servent pour leur usage particulier qui est de se procurer de la lumière, parce que ces graines brûlent fermement et donnent une lumière égale à deux chandelles ordinaires. Mais, hélas ! les cendres tombent bientôt de tous côtés, et le tout est vite consumé.

Le miel est récolté en grande quantité dans le pays des Sakalaves et dans les forêts. Ils gardent la cire pour la vendre sur la côte.

Voici la manière dont ils se servent pour trouver le miel et s'en emparer. Lorsque les naturels voient voler une abeille, ils connaissent par ses battements d'ailes si elle vient de son nid ou si elle y retourne. Si elle vole avec rapidité, c'est qu'elle vient du nid ; si elle vole au contraire avec lourdeur, c'est qu'elle est chargée de pollen et qu'elle prend sa course vers son nid. Le peuple remarque la direction où elle vole, et la suit. D'autres abeilles sont également vues volant vers le même endroit ; et, à l'aide de toutes ces indications réunies, les Sakalaves finissent enfin par trouver le trésor qu'ils cherchaient. Un chiffon enflammé, afin de suffoquer et d'étouffer les abeilles, est alors placé à l'entrée du nid qui est généralement posé dans le creux d'un arbre où le miel est en sûreté. Les Sakalaves prétendent que lorsque la reine des abeilles garde l'entrée du nid, il est impossible de le découvrir.

J'ai appris dans le royaume du roi Diamanga comment les Malgaches préparent le caoutchouc. Le *fingitra*, plante grimpante qui le produit, est coupé par eux en fissures de dix-huit pouces de longueur environ Au bas de ces fissures, ils placent de petits creusets dans lesquels le suc de l'arbre tombe de lui-même, et d'où il a la faculté de s'écouler ensuite dans un autre petit vase. Une petite quantité du jus de la feuille d'une plante appelée « beetel », que les Indous ont l'habitude de chiquer, est ajoutée à ce suc, parce qu'il a la propriété de le faire bien se mélanger et se former en une seule pâte homogène.

Tous les Sakalaves, dans leurs actes et agissements publics ou privés, sont réglementés et gouvernés par le « lilin draza. » C'est pourquoi le « lilin draza » est considéré comme sacré, et ne saurait être enfreint impunément. Les ancêtres eux-mêmes sont regardés comme étant les gardiens de ces lois et coutumes qui affermissent leur autorité, et ils sont toujours prêts à réclamer une juste punition contre le transgresseur. Ses parents eux-mêmes sont dans les mêmes sentiments. Si quelque chose a été défendu aux ancêtres, cela l'est également pour leurs descendants qui doivent se conformer au « lilin draza », qui existe depuis une antiquité immémoriale. Par exemple, si le porc a été « faly » (défendu) aux ancêtres, leurs descendants ne sauraient en manger sans s'exposer à de sérieuses conséquences.

En ce qui concerne le « lilin draza » chaque famille considère certaines choses comme défendues à elle seule et il y a une grande différence de matière en ce qui concerne les choses qui sont interdites à une famille en particulier et permises aux autres. De même que dans la même tribu les choses défendues à chaque famille particulièrement passent complètement indifférentes aux autres, de même il y a des lois concernant la tribu tout entière et auxquelles tous les habitants doivent obéissance de peur qu'en agissant autrement la colère des ancêtres ne soit excitée et que leur vengeance ne retombe sur toute la peuplade. Afin de prévenir un semblable désastre, il est de la plus haute importance que le « lilin draza » soit suivi implicitement par le roi et sa famille. Car si la transgression aux coutumes par les Sakalaves du commun a pour résultat de faire tomber la vengeance sur leur famille entière, combien plus cruelles seraient les calamités et catastrophes qui incomberaient à la nation tout entière si le roi transgressait le royal « lilin draza! »

La maison du roi doit être construite des mêmes matériaux, du même côté et dans le même style que celles de ses ancêtres. Ses vêtements doivent être de la même qualité que ceux de ses ancêtres et il doit les porter de la même manière qu'ils le faisaient.

Même les mots ordinaires du dialecte sakalave peuvent être défendus et voici le pourquoi : Dans le cas où un membre d'une famille vient à mourir, le mot employé pour désigner son nom n'est pas employé plus longtemps par ses parents; et si c'est un prince, tous les mots ayant rapport à son nom sont interdits dans le royaume tout entier. Je me rappelle qu'ayant demandé un jour à Diamanga de me donner quelques renseignements sur plusieurs des anciens rois sakalaves, je remarquai bientôt que les noms des rois qu'il mentionnait n'étaient pas les mêmes par lesquels on les nommait de leur vivant. Comme je lui en demandais le pourquoi : « Ah! mon ami, dit-il, c'est une chose défendue dans le royaume tout entier. » Peu de temps après il me donna cependant leurs véritables noms, mais ce ne fut qu'après lui avoir juré de ne le dire à personne.

La prise des tortues (*fano*) est une affaire très importante pour les Sakalaves de la côte, autrement dits les « Vezos. » Les tortues de la côte ouest de Madagascar sont de différents genres et de différentes grosseurs. Quelques-unes d'entre elles sont plates et épaisses; les autres sont plus légères mais plates également. La forme n'en est pas très large et elles fournissent les plus belles carapaces que l'on puisse imaginer.

La plus grande que j'ai vue avait environ 5 yards de long
(4 ᵐ 57 environ), sur une largeur de 3 yards (2 ᵐ 75). Ces carapaces de tortues leur seraient d'une grande ressource, s'ils
pouvaient en disposer pour l'échange avec les traitants; mais
au lieu de les utiliser, ils les conservent avec beaucoup de soin
sur le rivage de la mer. Personne ne peut les toucher ni les
transporter ailleurs parce que c'est « faly », c'est à dire défendu.

Pour prendre les tortues, les Sakalaves, très adroits de leur
naturel, font usage d'un bâton de 4 yards (3 ᵐ 65) de long à
peu près, fait d'un bois mince et vigoureux. A son extrémité
est fixée une petite pièce de fer d'environ 4 à 5 pouces de longueur, aiguisée avec soin et dont l'extrémité est taillée d'un
côté en forme de harpon. A l'autre bout de ce bâton est
attachée une ligne faite d'un fil délié mais solide d'environ
200 yards (presque 184 mètres) de long. Cet instrument est
placé à l'avant du « lakka », canot. Le meilleur moment pour
capturer ces tortues est le matin de bonne heure, lorsqu'elles
viennent à la surface de l'eau pour fêter leur sieste matinale.
A ce moment il n'y a généralement pas de brise et la mer est
unie comme de l'huile. Les naturels font avancer leurs canots
avec le plus de précaution et de silence qu'ils peuvent afin de
l'approcher le plus près possible de la tortue et la harponner
avec l'instrument dont j'ai parlé ci-dessus avant qu'elle ne
s'effraie et ne plonge de nouveau dans la mer. L'homme qui se
tient à l'avant du canot lance le harpon et a généralement du
succès, mais il peut arriver que la ligne ne soit pas assez longue
lorsque la tortue blessée plonge dans la mer. Il saisit alors le
bout de la ligne, plonge dans l'eau aussi profondément qu'il plaît
à la tortue de le faire aller, jusqu'à ce qu'elle se décide enfin
à reparaître à la surface. Le harponneur fait cela sans y faire
la moindre attention, parce que les Sakalaves Vezos se plaisent
à nager et à plonger, et les plus habiles d'entre eux considèrent comme un rien de rester un temps considérable sous
l'eau. La longueur du temps que ces hommes restent sous les
ondes fait que celui qui n'a pas eu l'habitude de les voir ainsi
faire devient parfois très inquiet sur leur sort.

Lorsque la tortue ou « fano » s'est ainsi laissée prendre et a été placée à bord du « lakka » ou canot, ils reprennent le plus vite possible le chemin de la maison où les habitants du village rassemblés sur le rivage les reçoivent et font escorte au canot qu'ils amènent. C'est une loi chez les Sakalaves que toute la population d'un village participe à la fête de la tortue afin que ceux qui n'ont pas été assez heureux pour en capturer eux-mêmes aient leur part comme les autres en cette occasion. Il n'est permis à personne d'apporter quelque chose avec lui de sa maison sur le rivage lorsque la tortue y est placée.

La tortue est alors entr'ouverte et coupée en morceaux, pour être bouillie, avec des couteaux qui sont la propriété du canot. Elle est cuite avec de l'eau de mer et servie dans sa propre carapace avec des cuillères grandes et profondes et dans des plats apportés du canot ou dans d'autres morceaux de carapaces appartenant au pêcheur qui l'a capturée.

On ne tolère d'emporter aucun morceau de ce mets dans la maison, mais il doit être cuit et mangé sur le rivage. On ne doit également pas manger autre chose avec la viande de la tortue. Même le « lamba » doit être enlevé et mis de côté. Lorsqu'un Sakalave se rend à un tel banquet, c'est le « lilin draza », et il doit être observé strictement et scrupuleusement parce que, croient-ils, sa transgression entraînerait infailliblement la disparition de toutes les tortues de la côte.

Par rapport à ce que j'ai dit plus haut je dois mentionner ici l'habileté des Sakalaves à nager et à plonger, ce en quoi ils montrent réellement la plus grande dextérité. Les Vezos ou Sakalaves de la côte sont depuis leur naissance tellement accoutumés à l'eau qu'ils sont aptes à rester sous sa surface un espace de temps très long et de s'en aller parfois ainsi sous l'eau à des distances vraiment prodigieuses, changeant leur position, tantôt plongeant, tantôt nageant sur le côté, sur le dos ou de toute autre manière. Il est extraordinaire de voir la rapidité de leur natation dans la mer, qu'elle soit calme ou en furie.

Lorsque leur canot chavire, ils plongent dans l'eau et le

retournent comme il faut. Si la mer est trop en courroux, ils laissent leur « lakka » et nagent vers le rivage sans s'occuper à quelle distance ils en sont et sans crainte autre que celle des requins.

Par une belle après-midi, j'étais sur un canot, voyageant le long de la côte pour rendre visite au roi Diamivetsa qui résidait à quelque distance de Maroumbay. La brise de mer venait justement d'arriver et nous voyagions avec beaucoup d'agréments sur une mer bien plane en dedans de récifs de coraux. Nous allions avec une vitesse de dix à douze milles à l'heure. Les poissons folâtraient en grande quantité au milieu de ces récifs et suivaient le mouvement de la marée montante. Les oiseaux qui volaient au-dessus paraissaient regarder avec avidité ce jeu et attrapaient de temps à autre, comme un friand morceau, quelques-uns de ces joueurs insouciants.

Nous naviguions le long d'une jolie côte boisée, charmés de cette vue enchanteresse, portant notre attention sur les vagues qui venaient violemment se briser sur les récifs, et nous écoutions leur fracas sourd et profond, lorsqu'une éclaboussure d'eau vint tout à coup me tirer de mes méditations. L'homme de l'avant s'était jeté à l'eau avec deux petites lances à la main. Qu'est-ce que c'est? demandai-je à l'autre homme qui, placé au gouvernail, larguait les écoutes et plaçait le canot, tête au vent, de manière à ne pas s'éloigner de l'endroit où l'homme s'était jeté. Dans cette position, le canot commença à balancer de telle manière que ses vergues étaient sur le point de se briser par les secousses que lui faisait subir la voile. Mais, qu'est-ce donc que mon homme qui avait plongé dans l'eau avait pu aller y faire? L'eau avait au moins quatre brasses (7ᵐ 35 environ) de profondeur et il me semblait qu'il avait sans doute eu l'intention de se noyer. J'étais très anxieux et excessivement surpris de voir combien de temps il demeurait sous l'eau sans revenir à la surface pour respirer. Ah! mais le voilà! Je le vois rampant sur ses genoux et veillant autour d'un large rocher de corail sous lequel on pouvait, du canot, apercevoir un énorme poisson, et l'homme était là regardant attentivement le dessous du rocher, ne se hâtant pas, mais attendant le moment opportun pour transpercer le poisson.

Après quelques instants, il put enfin harponner ce poisson d'une grandeur et d'une grosseur étonnantes qu'il rapporta dans le canot. L'homme se rejeta de nouveau à l'eau à la recherche d'autres poissons, mais il n'eut pas tant de succès et il revint dans le canot. Nous fîmes voile et continuâmes notre voyage.

Dans un grand nombre de familles sakalaves, mashikoros ou vezos, la coutume de rejeter un enfant né un jour néfaste avec l'intention de le laisser mourir est assez abandonnée à présent. Ils s'arrangent de manière à ce que leurs enfants puissent avoir leur vie sauve, et en même temps, à ce que les lois des ancêtres soient observées. Voici comment ils s'y prennent. Lorsqu'un enfant est né, quelqu'un le prenant dans ses bras le porte à une certaine distance avec l'intention apparente de le laisser mourir. Mais les parents disent secrètement où ils l'ont placé et d'autres parents s'y rendent, le sauvent et l'élèvent comme leur propre fils.

Je pense que les motifs qui ont diminué le respect des Sakalaves envers les coutumes de leurs ancêtres doivent être peut-être attribués à la longueur du temps pendant lequel elles ont été pratiquées. Il ne saurait en être autrement, car la barbarie est impuissante par elle-même et doit toujours marcher à reculons, ce qui prouve qu'elle ne saurait satisfaire pendant longtemps le cœur humain dont les besoins naturels sont capables de recevoir des principes plus élevés, plus grands et plus purs.

Le christianisme seul possède de semblables principes et voilà ce dont les Sakalaves auraient besoin à la place de leur « lilin draza. » C'est aussi ce qu'ils adopteraient certainement en très peu de temps si de « réels » et « véritables » missionnaires, tant en corps qu'en esprit, au lieu de se masser en groupes autour d'Antananarive, venaient vivre au milieu d'eux et ne faisaient chez ce nouveau peuple, devenu chrétien, rien autre chose que d'enseigner la parole de Dieu.

La circoncision a été observée depuis un temps immémorial chez les Sakalaves comme chez presque toute la population de Madagascar, mais elle n'y a pas été introduite par les Hovas ou Mahométans, comme beaucoup de peuples le pensent. Les Sakalaves regardent comme un grand péché pour un garçon de grandir sans être circoncis et lorsqu'un pareil homme a atteint sa maturité il est regardé avec dédain et dépourvu de l'habileté et du courage dont un Sakalave ne saurait se passer. C'est la circoncision, disent-ils, qui fait que les Sakalaves sont des gens braves et, lorsqu'ils parlent à un homme qui n'a pas été circoncis, ils le traitent d' « ébo », c'est-à-dire lâche, propre à rien, qui ne sera jamais un bon guerrier ni un homme riche. Sa postérité est aussi « ébo », et le mépris est le seul sentiment professé à l'égard de ses enfants par leurs camarades. Un enfant esclave qui n'a pas été circoncis ne réalise environ que la moitié de la valeur de celui qui l'a été.

La cérémonie de la circoncision est généralement faite à l'aide d'un large couteau. Lorsque la cérémonie se forme, la famille fait une fête à laquelle sont conviés tous les parents et amis. Un bœuf gros et gras est tué pour l'offrande du sacrifice qui a toujours lieu en cette occasion ainsi que pour le repas des personnes qui y ont été conviées.

Lorsque tout le monde est rassemblé, la cérémonie commence par une prière du père dans laquelle il demande que son enfant devienne un homme fort, qu'il puisse avoir un grand succès dans tout ce qu'il entreprendra et qu'il soit béni en ayant beaucoup d'enfants qui puissent augmenter et devenir à leur tour une grande et forte tribu, etc., etc. Après cette prière, un fusil chargé est donné à l'enfant qui fait feu. Le père prend également un autre fusil chargé et ordonne à son fils de se coucher la face contre terre, et, plaçant le fusil en travers sur le dos de son enfant, il fait également feu.

Une fois cela terminé, la compagnie entière se réunit et frappe avec de légers coups de pieds le derrière de l'enfant sous prétexte d'en faire ainsi un homme vigoureux et brave lorsqu'il aura grandi, et pour montrer, par là, qu'il sera plus tard un bon Sakalave. Les enfants ont ordinairement six à sept ans lorsqu'a lieu cette cérémonie.

Quand une femme est sur le point d'accoucher elle doit abandonner le toit conjugal pour se rendre chez sa mère ; en cas de décès de cette dernière, elle doit se rendre chez sa tante ou chez quelqu'une de ses proches parentes jusqu'à ce qu'elle ait mis son enfant au monde, mais encore jusqu'à ce qu'enfin elle soit devenue mère. Elle doit y rester non seulement jusqu'à ce qu'elle soit capable de retourner dans sa propre demeure. Lorsque l'enfant a vu le jour, tous les parents et amis apportent un faisceau de bois propre à faire du feu et on entretient constamment ce feu pour effrayer les malins esprits qui, prétendent-ils, rôdent constamment autour de la maison et dans les environs afin d'enlever le nouveau-né.

Au bout d'une huitaine de jours, la mère se lève et se promène un peu, puis après quelque temps une fête est donnée, des coups de fusil tirés et une grande quantité de liqueurs spiritueuses absorbées.

Les Sakalaves attachent une grande importance à la manière de tresser leurs cheveux et ils présentent par le fait l'apparence la plus belle et la plus gracieuse. Leur chevelure est arrangée avec tant de délicatesse et de grâce qu'ils passent parfois un jour tout entier à se peigner, ce qui rend les femmes plus respectables et plus jolies.

Lorsqu'un jeune Sakalave est arrivé en âge de se marier, il s'efforce de conquérir la jeune fille qui est l'objet de son affection, et quand il lui a parlé et qu'il est assuré de son amour pour lui, etc., de son consentement à devenir son épouse, il révèle ses intentions à ses parents, ou, s'il n'en a pas, au plus vieux membre de sa famille. S'ils l'approuvent dans son projet, son père et un chef se rendent chez les parents de la fille afin d'en arriver à une conclusion quelconque. Après les pourparlers usuels sur l'état du temps, sur la santé de la famille, sur les troupeaux, etc., ils abordent la question, s'étendant sur l'excellence du mariage, disant que Dieu a ainsi créé l'homme, qu'il n'est pas capable de vivre sans épouse. C'est alors au tour du père de la fille de prendre la parole et il répond s'il accepte l'offre : « *Manaho Manakore ? Manaho Manakore ?* Que dois-je dire ? Que dois-je faire ? Le mariage est une chose douce et le garçon et la fille s'aiment mutuellement, et que dois-je faire, sinon donner mon assentiment ? Ne doit-on pas les laisser faire ce qui leur plaît en ce point ? » — Le père du garçon étant satisfait répond : « *Yé lehy Ysao !* Qu'il en soit ainsi ! »

Le jour des nuptiailles, la nouvelle mariée est conduite dans la maison de son fiancé où a été préparé le festin des noces et où les viandes apportées par les parents et amis ainsi qu'une grande quantité de riz, etc., de maïs ont été réunis et donnés à faire cuire pour le repas. Dans l'après-midi, la mère du fiancé, ses sœurs, ses tantes et ses autres parents s'en vont chercher l'épouse et la conduisent dans sa future demeure. Elle les suit en compagnie de beaucoup de ses compagnes et de ses amis, portant chacun un petit plat en bois sur lequel on a placé du riz ou du maïs. Lorsque tous se sont rassemblés dans la maison de l'époux, revêtus de leurs plus beaux vêtements, les conviés s'associent en dehors de la hutte, formant un cercle dans le centre duquel le couple marié s'assied sur une petite natte. Le repas est alors servi à la compagnie, l'époux et l'épouse n'ont qu'un seul et même plat en signe de leur union et de leur affection.

A l'occasion du mariage et pour se conformer au « lilin draza », un bœuf « de couleur rouge » est égorgé afin de fournir l'aliment nécessaire pour le festival. Une fois ce bœuf tué, tout son sang est recueilli dans un vase, et lorsque les mariés ont fini leur repas, ce vase contenant le sang est apporté aux deux époux. Chacun d'eux y trempe le doigt et s'en va ensuite le long du cercle formé par les invités, et touche chacun d'eux sur la poitrine. L'époux touche les femmes, et l'épouse les hommes. C'est alors seulement qu'ils sont considérés comme mari et femme.

Le reste de l'après-midi est employé par les convives à man-

ger, à boire et à converser gaiement autour du feu ; mais le
couple uni demeure en silence ainsi côte à côte jusqu'à ce qu'arrivent les ténèbres. C'est alors que toute la compagnie se
sépare.

Quelques jours après, le jeune époux, afin de s'assurer un
droit absolu sur sa femme et son premier enfant, fait présent
aux parents de sa femme d'un bœuf et d'autres cadeaux
comme deux yards (1ᵐ 83) de toile ou un sac de riz aux autres
parents.

Ces choses sont considérées comme un paiement pour s'assurer de la propriété de l'enfant, autrement le mari perdrait ses
droits à être considéré comme père de l'enfant qui appartien-
drait alors à son beau-père et à sa belle-mère.

La polygamie est pratiquée chez les Sakalaves, et principalement par les rois et les chefs. Elle semble tirer son origine
de ce que le grand nombre de femmes donne à l'homme une
certaine dignité, et une supériorité sur la majorité du peuple
auquel il n'est permis que d'en posséder une. Mais le peuple
reconnaît d'un commun accord que la polygamie est une chose
mauvaise. Il est permis à un chef sakalave d'avoir quatre
femmes, et aux rois d'en avoir sept.

L'union par le mariage est considérée chez les Sakalaves
comme une chose sacrée, et les divorces sont très rares, quoique quelques-uns aient parfois lieu, occasionnés par la jalousie
mutuelle des deux époux. Combien de ménages heureux et
affectionnés l'un à l'autre existent dans ce pays, si bien que,
lorsque la mort entre dans la famille et enlève à la fois l'homme
et la femme, c'est un bonheur réel et une véritable bénédiction !

Il est arrivé bien des cas où le survivant refusait d'abandonner pendant des jours et des mois la tombe du décédé, et
lorsqu'il revenait au village, il pleurait, gémissait et refusait
toutes sortes de consolation. Il est même arrivé des occasions
où l'excès du chagrin et du désespoir du mari ou de la femme
était tellement grand, que le survivant a mis lui-même un terme
à son existence. Il y en a aussi qui, mariés dès leur âge le
plus tendre, ont atteint l'âge mûr en vivant heureux ensemble,

se réjouissant d'avoir passé tout le temps de leur mariage dans le bonheur le plus profond.

Je dois faire observer ici que toutes les unions matrimoniales des Sakalaves se font par les individus eux-mêmes, et non par ordre de leurs parents comme le pratiquent les Hovas qui, parfois, vendent leurs enfants longtemps avant leur naissance.

Les Sakalaves ne vendent jamais leurs enfants, mais les Mafales le font: et en ce qui concerne les enfants, ce n'est pour ainsi dire qu'un échange de leur progéniture avec les traitants pour des marchandises ou autres biens. Ces enfants sont ensuite envoyés à l'île Bourbon, et vendus là comme « engagés volontaires. »

Les enfants « Vezos » passent la majeure partie de leur temps à jouer. Très souvent, on peut les voir dans l'eau nageant et plongeant, ou manœuvrant la majeure partie du jour dans leurs petits canots, ramant et naviguant de long en large sur les bords du rivage près duquel ils vivent. Il est étonnant de voir combien ils ont d'audace, et quelle habileté et quelle bravoure ils déploient sur l'eau, malgré la fureur des vagues, et surmontent les ressacs. Si leur canot vient à chavirer, ils sautent à l'eau avec une parfaite tranquillité, et nagent comme des canards vers le rivage, au milieu des vagues qui viennent se briser sur eux et les entourent de tous côtés.

Comme les pêcheries de la côte ouest sont très bonnes et très profitables à cause de la grande quantité et de l'excellence du poisson, les enfants s'occupent beaucoup de la pêche. Ils s'exercent aussi eux-mêmes à lancer des lances de bois, et transpercent sur le sable des figures représentant des canots, des bateaux, des poissons, des moutons, des chèvres, des bœufs, etc., etc. J'ai pu constater bien des fois que les enfants sakalaves possédaient pour cela de véritables talents intellectuels dont ils s'instruisaient naturellement eux-mêmes, et dans lesquels ils atteignaient une perfection vraiment stupéfiante. Ce serait réellement un bienfait si de véritables missionnaires étaient envoyés chez ces peuples, non seulement pour leur prêcher la parole de Dieu, mais aussi pour leur apprendre les différents genres de métiers. C'est toujours chez les enfants sakalaves que j'ai trouvé mes amis les meilleurs et les plus désintéressés. Il est permis à ces enfants de faire ce que bon leur semble, même les choses mauvaises, sans s'attirer aucune punition de la part de leurs parents. La seule chose qui les exposerait à recevoir une réprimande serait de commettre un vol.

Les Sakalaves de chaque royaume sont divisés en différentes tribus, dont chacune possède un nom particulier. Ceux qui habitent ces tribus sont considérés comme des amis; et il est regardé comme abominable et inhumain au plus haut degré de donner la mort à quelqu'un de sa propre tribu, de le voler, de le duper ou de ne pas l'assister en cas de besoin.

En ce qui regarde les membres des différentes tribus, ils doivent, à moins qu'une certaine liaison n'existe par le mariage, toujours se tenir sur leurs gardes, comme ils s'y tiennent vis-à-vis des étrangers des autres nations. Aucun sentiment d'inimitié n'est entretenu à l'égard de ceux qui sont considérés comme *longo* (voisins ou amis), et qui habitent depuis longtemps dans la même tribu ou famille.

Ce sont justement ceux-là qui, sans scrupules, trompent continuellement ceux de leur propre tribu ou les tuent. Ce n'est malheureusement que trop vrai. Mais de tels individus sont toujours considérés par le peuple et leurs propres parents comme les derniers des misérables, et ils sont désertés de tous.

Lorsqu'une guerre est déclarée, le roi appelle tous les guerriers de son royaume pour se joindre à lui, car, dit-il, il est dans l'obligation d'entreprendre une expédition en bon ordre pour le bien-être et la gloire de tout le royaume. Tous les hommes se réunissent dans un lieu désigné par le roi. Lorsqu'ils se sont rassemblés, la première chose qu'ils font est d'avoir recours à un talisman qui leur est propre, et qui leur assure de faire la guerre avec beaucoup de succès. La préparation et la prise de possession de ces charmes joue un grand rôle dans les événements de la vie d'un Sakalave; mais en temps de guerre, comme ils en ont un besoin spécial, ils portent en conséquence une grande attention à leur préparation.

Le premier acte de la cérémonie pour la préparation de ces charmes pour la guerre est de se procurer et d'amener à la place ou camp un jeune coq et un veau. Tous deux doivent être noirs. Le sorcier est ensuite appelé pour consacrer ces animaux et les préparer comme des remèdes d'une grande efficacité. Ces créatures, alors transformées en charmes, sont envoyées en secret par les plus habiles des guerriers et ceux qui méritent le plus de confiance, qui les mettent sur le passage ou sur la route que l'ennemi doit nécessairement suivre. Là, les animaux sont enterrés vivants, recouverts de terre, et une marque est faite à l'endroit où ils ont été enfouis. Lorsque l'ennemi s'avançant voit cela, tous les guerriers sont saisis de frayeur et retournent à leur camp aussi vite que possible, afin de se consulter entre eux sur une nouvelle route à prendre pour s'avancer et engager le combat.

Lorsque l'ennemi découvre la place où le veau et le coq ont été enterrés, il dit : « C'est là que sont le coq et le veau noirs qui ont été envoyés pour apporter au milieu de nous le malheur et la mort. Nous sommes indubitablement vaincus ; allons-nous-en vite chez nous pendant que nous sommes encore vivants. » — Cela suffit souvent pour retarder pendant un temps considérable l'engagement de la guerre.

Lorsqu'une véritable guerre est déclarée, une grande corne de bœuf, dans laquelle se trouvent de la graisse et autres matières onctueuses, est présentée au roi par le devin. Cette corne fait ensuite le tour des hommes en passant de main en main. Chacun d'eux passe ses doigts dessus et prend un peu de la graisse qu'elle contient, et se signe sur la poitrine, la tête, les bras et les jambes afin que les traits et les balles de l'ennemi ne puissent le tuer, mais tombent sur le terrain sans lui faire de mal. La cérémonie étant finie, le devin exhorte les hommes à aller en avant et à être braves sur le champ de bataille.

Alors les guerriers s'élancent, jetant des cris de joie et entonnant des chansons guerrières. Ils marchent jusqu'à ce qu'ils aient signe de la présence de l'ennemi, et il arrive souvent que les deux parties adverses entendent mutuellement et distinctement leurs voix. Alors on fait halte.

L'une des armées demande à l'autre : « — Comment vous portez-vous ? — Comme vous le voyez, répond celle-là, nous sommes ici. — Combattrons-nous ? reprend la première. — Oui, répond l'adversaire, combattons ! »

Ils commencent alors à faire feu. S'il arrive que quelqu'un tombe sous les coups de l'ennemi, ses compagnons qui sont à ses côtés prennent la fuite. L'ennemi se précipite alors vivement sur l'homme qui est tombé, le perce de coups de lance, et lui vole son fusil, ses assagaies, son vêtement, enfin tout ce qu'il peut posséder dans un pareil moment.

Alors les ennemis s'approchent de nouveau l'un de l'autre, et comme ils sont devenus furieux, ils font seulement usage de leurs lances. Lorsqu'ils sont fatigués, ils se retirent dans leurs camps respectifs. Le lendemain matin, ils recommencent de nouveau, et ce jeu continue parfois des semaines et des mois entiers.

Le parti vaincu n'a aucune merci à espérer de la part des vainqueurs qui enlèvent femmes, enfants, troupeaux, et tous les autres biens qui leur tombent entre les mains. Après cela, la guerre est terminée pour un temps illimité, car les vaincus sont toujours aux aguets pour saisir le moment opportun de prendre leur revanche. Lorsqu'ils l'ont trouvé, la guerre recommence alors de nouveau.

Des guerres de ce genre sont des sujets de joie et de bonheur pour les Sakalaves.

Ces peuples sont, en général, de grands empiriques, et font usage de feuilles, de plantes, de racines et d'écorces pour leurs maladies. Voici quelques-uns des remèdes que je leur ai vu employer avec des résultats efficaces :

CAUSES DES MALADIES ET REMÈDES

Comme vésicatoire. { Des feuilles fraîches de « Tongotramboabo » écrasées ou du jus de « Songosongo. »

Verrues. { Le poumon écrasé d'un animal employé comme cataplasme.

Jaunisse.	Les feuilles de « Voamketsihety » ou la plante de « Tsikobokobonadanitra » bouillies avec du lait et du riz.
Maux de gorge.	Mélanger la plante d' « Anamamy » réduite en pâte avec du miel et en manger.
Vers intestinaux.	Le fruit du « Tanserakala » fraîchement pilé et mangé est un remède souverain contre le tœnia ou ver solitaire.
Fièvre et spécialement celle des marais.	Le « Kirangay », le « Voatanamaka » ou le « Landemo » bouillis et employés comme boisson sont excellents.
Migraine.	La feuille de « Mafave » fumée ou prise comme tabac à priser.
Coups de soleil.	Se frictionner avec un mélange de résine de « Mangnier » et de graisse.
Névralgies avec lancement.	L'écorce du « Catafa » bouillie avec un morceau de fer.
Furoncles.	Le « Fotsiavadika », brûlé, réduit en poudre et mélangé avec de la graisse.
Dyssenterie.	Des copeaux de « Volodimpona » ou d' « Harogana » bouillis et pris comme boisson.
Diarrhée.	La feuille de « Moita » bouillie.
Croûtes à la tête.	Les feuilles de « Vaononoka » bouillies et bues.
Syphilis.	Les feuilles d' « Andriasoao » et de « Zahana » ou la racine de « Bongo » broyées et employées en cataplasmes.
Chancres ou cancers.	Le « Laï » grillé et écrasé, employé en poudre sur la plaie.
Abcès.	Le « Vahivoraka » pris en très petites doses d'environ un gramme dans un litre d'eau (autrement, c'est un poison terrible et mortel).
Gonorrhée.	Les racines de « Voafotsy » mises dans un bain d'eau chaude.
Coliques.	Des racines de l' « Atsoro » mâchées et absorbées en même temps que la salive.

CODE SAKALAVE

Choses « faly » ou défendues.

Il est défendu à tout Sakalave :

De dormir la tête tournée vers le Sud ;
De donner des coups de pied dans les cloisons de la maison ;
Allant en voyage, de se servir comme oreiller du sac contenant le riz ;
De balayer la maison du côté du Nord ;
De prendre en filant la griffe du fuseau lorsqu'il est en mouvement ;
De se servir de son lamba pour oreiller ;

De brûler la bûche d'un billot ;
D'ouvrir un parapluie dans la maison ;
De se coucher sur l'envers d'une natte ;
De passer de la nourriture à quelqu'un derrière le dos ;
De se jeter l'un à l'autre des mets cuits ;
De manger le foie d'un bœuf noir ;
De s'agenouiller pour boire à une source ;
De faire cuire dans le même pot les pieds et la tête d'un animal quelconque ;
De se laver la bouche après avoir mangé de la volaille ;
De peler une banane avec les dents ;
De frapper quelqu'un sur l'épaule ;
De détruire un nid d'oiseau ;
De donner des coups de pied à un chien ;
De tuer aucun animal lorsqu'il est attaché ;
De frapper une vache avec le bois d'une lance ;
De jeter dans une source des herbes vertes ou de la bouse de vache ;
De toucher quelqu'un avec un couteau ou une arme tranchante ;
De se nettoyer les dents immédiatement après avoir mangé ;
De se couper le même jour les ongles des pieds et des mains ;
De couper les ongles à un malade ;
De se reposer la nuit sans du feu dans la maison ;
De jeter pendant la nuit des cendres ou de l'eau sale ;
D'embrasser les mains ;
D'amener un animal dans la maison pendant un temps d'orage ;
De s'abriter sous un « Tamarinier » quand le tonnerre gronde ;
De jeter des pierres à quelqu'un ;
De regarder dans la bouche d'un homme ayant de bonnes dents pour quelqu'un qui en a de mauvaises ;
A une personne malade de se mettre au lit après le coucher du soleil ;
De marcher sur une tombe ;
De s'asseoir deux sur la même chaise ;
De s'étendre sur un rocher un jour de chaleur ;
De frapper du pied la pierre placée à la tête d'une tombe ;
De donner un morceau de viande crue à manger à un malade ;
De passer devant un cadavre dans un chemin ;
De draguer pour le poisson, ou à un homme de faire des nattes ;
A un guerrier de manger du coq ;
De tuer aucun animal mâle dans la maison d'un guerrier ;
De permettre à un enfant de se regarder dans un miroir ;
A un enfant de planter des arbres ;
A un enfant de manger un crabe ou le foie d'un bœuf ;
De faire entrer un bœuf cornu par la principale porte de l'enceinte d'un roi ;
De manger des anguilles ou des tortues de terre ;
De se servir de l'argent reçu pour la vente d'une vache ;
D'acheter une oie avec le prix d'une volaille ;

D'acheter un chien avec le prix d'un esclave ;
De briser un œuf sur une pierre ;
De se promener le soir parmi des arbres verts ;
De se servir pour les cheveux de la graisse d'anguille ;
De cracher en passant devant une personne ;
D'avoir deux jumeaux ;
De désigner un homme avec le doigt ;
De faire aucune saleté contre la maison ;
De faire aucune saleté dans une plantation ;
De faire aucune saleté dans le village ;
De porter le mortier là où le riz est pilé ;
De donner à manger à un chien dans un plat employé par la famille;
De manger du serpent ;
De dormir dans la même maison que les animaux ;
D'insulter une personne par paroles ;
De passer devant une vieille personne sans se courber ;
De se servir de mauvaises expressions ;
De passer devant un roi ;
De marcher devant un vieillard ;
De mieux s'habiller que le roi ;
De battre sa femme ;
De jeter du sel ;
De cracher dans le feu.

Les endroits les plus riches et les plus favorables pour le commerce du sud-ouest et de l'ouest de Madagascar sont les suivants :

Tomampo ou « faux cap. » A trente milles à l'est du cap de Sainte-Marie. La plus belle et la meilleure orseille (espèce de fougère dont on se sert pour la teinture) y pousse ainsi que les bois odoriférants ; on y trouve également des tortues. Le roi se nomme Voadraza. Il s'y trouve aussi une grande quantité d'excellent tabac qui est envoyé à l'île Bourbon. Le mouillage de Tomampo est mauvais.

Cap Sainte-Marie. On y trouve de l'orseille, des tortues de terre et des espèces de pois et de lentilles qu'ils appellent « voëmas, emberiquas, mapimbas », des bois pour la teinture et du tabac. Le mouillage en est mauvais. Tsifani est le roi du pays.

Lavanona. Très mauvais mouillage. Les navires ne sauraient appareiller lorsque le vent souffle du nord-ouest, de l'ouest, ou du sud-ouest. C'est là que se tient le grand commerce des orseilles. Le pays, actuellement sous un gouvernement républicain, a eu pour dernier roi un nommé France qui était un des descendants du grand Bahahari dont l'aïeule était une femme portugaise.

Farrombotsi ou **pointe Barrow.** Centre de commerce d'orseille, de bois pour la teinture et de poissons. J'ai vu cinq hommes dans un bateau de trois tonneaux, le remplir du poisson le plus beau dans l'espace d'environ dix heures de pêche sur le banc de Fozer.

Ampalaze ou **port Crocker** est un endroit très bon et de toute sécurité pour un navire d'environ soixante tonnes et de petit tirage. On y fait un grand commerce d'orseille, de maïs, de tabac, de bois pour la teinture et d'herbes propres à être tissées.

Bouïbolo. Retraite très bonne, mais les navires de peu de tirage peuvent seuls y aborder. Il s'y trouve une grande quantité d'orseille, de tripangs ou biches de mer, des poissons et des holoturies.

Machicora. Très bon mouillage pour les navires sauf avec les vents du nord-ouest et de l'ouest, possède un commerce important d'orseille, de maïs, de voëmas, de bœufs, de poissons salés de première qualité, de bois pour la teinture, de cire et de miel. C'est là que fut empoisonné M. Albin Dumoulin, agent de la maison Lauratet Le Roy, à cause de ses mauvais traitements à l'égard des naturels.

Lanirano. Bon mouillage et retraite pleine de sécurité pour les navires de quatre à cinq cents tonneaux. Grand commerce d'orseille, de tortues de terre, de bœufs, de moutons, de fourrages, de poissons et particulièrement de biches de mer.

Itampole. Commerce d'orseille seulement. Mauvais mouillage avec les vents du nord-ouest et de l'ouest.

Lanivato. où se trouvent en grande quantité l'orseille et les biches de mer, mais c'est malheureusement un mauvais mouillage.

Anakao. habité par les Antifingokas, les peuples les plus méchants que l'on puisse imaginer. Commerce de bœufs et de bois de teinture. Desprez, commandant de la canonnière *Labourdonnais*, a bombardé cette place en 1859. Lahetafika est le roi qui la régit.

Nosy-Vey ou **Sandy Island,** quartier général de MM. H. et F. Mc Cubbin de Natal, Lauratet Le Roy de Bourbon, Jacquelin de Bourbon, Victor Fullet de Bourbon et de Thibault Desprez de Bourbon. C'est également le quartier général des esclaves embarqués par eux à Bourbon tous les mois sur leurs vaisseaux comme « engagés volontaires. » M. Edouard Macé, le plus grand embarqueur d'esclaves, est le gérant de la maison Lauratet Le Roy.

Salar. Mauvais mouillage. Commerce de pois du Cap, de maïs, de riz, de tortues, de tabac et de bœufs.

Saint-Augustin. Bon mouillage, excepté avec les vents de l'ouest. Très riche pays. Commerce de pois du Cap, de maïs, de bœufs, de bois, de tortues et d'écorces. C'est par la rivière que vous pouvez parvenir chez les Antenos et par la rive sud chez les Mafales. Laymerisa était leur dernier roi. Les baleiniers américains avaient établi non loin de là leur quartier général et le capitaine Holmes de Boston y a fait sa fortune. Quatre agents de maisons françaises et anglaises résident maintenant en cet endroit.

Isarodrano. Cette partie de pays est habitée par des condamnés échappés la plupart de Bourbon et qui y font la traite des esclaves. Elle a été donnée en 1827 par le feu roi Diamangale au capitaine français du navire de guerre *Du Coëdic.*

Tulear ou **Cotsaoko,** la plus importante place de commerce de la province de Feheringue, fait une grande exportation d'orseille, de tortues, de bois pour la teinture, de biches de mer, de poissons, de gibier, d'herbes à tisser, de cire, de miel, de maïs, de pois du Cap, de riz, etc., etc.

Cette place contient de quatre à cinq mille habitants, et de grands marchés s'y tiennent journellement, faits par les Ibares et autres peuples de la contrée. Tulear est le port le plus sûr et le plus beau de tout Madagascar. Il y a là deux belles entrées par n'importe quel temps et sous n'importe quel vent. Le port peut contenir mille vaisseaux et le pays environnant est immensément riche et fertile.

Manombo. Commerce d'orseille, de troupeaux, de poissons et de sel. Bon mouillage pour les navires ordinaires.

Ampassilava. Très bon mouillage, commerce de sel, de peaux et de braies. En 1827, deux jeunes aspirants de navire anglais ont été assassinés avec tout l'équipage de leurs embarcations pendant qu'ils faisaient des essais de sondage. Jamais l'Angleterre ne les a vengés. Diamivoetsa en est le roi.

Laheforo ou **Retivoque** sont ceux qui volèrent avec leur tribu la barque *la Surprise*, capitaine Averill de Boston, ainsi que les embarcations avec lesquelles ils se rendirent à Nosy-Vey.

Morambé. Bon mouillage pour les navires de trois cents tonnes. Grand commerce de caoutchouc, d'orseille, de peaux, de bœufs, de bois pour teinture et d'ébène. Le capitaine du vaisseau français *Grenouille* et tout son équipage y furent massacrés. Leurs os blanchissent encore sur le rivage et la France ne les a pas vengés.

Quitombo, une des meilleures rivières de Madagascar, peut être naviguée l'espace de quatre-vingts milles par des bateaux toisant cinq pieds d'eau. Bon mouillage à l'embouchure pour les navires ne calant pas plus de douze pieds. Grand commerce encore inconnu d'ébène, qui abonde en cet endroit, de riz, de peaux, d'orseille, de cire, de bois précieux, de pois du Cap, de maniocs, de patates, de miel et d'herbes à tisser. Leur roi est Diamanga.

Adalanda. Station à l'embouchure nord de la rivière de Quitombo. Bon mouillage pour un navire d'un petit tirant d'eau. Commerce de bois, d'orseille, de fèves, de riz, de maïs, de bœufs, de peaux, de cire, de caoutchouc, d'ébène et de poissons.

Ranapassy (station hovas) **Nossindolo,** gouverneur Razafinandy, IXᵉ Honneur, bon homme. Le commerce intérieur avec les Hovas est presque nul. A trois jours de marche se trouve une bonne mine de houille. Une grande quantité de sel y est vendue.

Ile et port Belo. Retraite sûre et bonne pour les navires. Petit commerce. Depuis que le capitaine Holmes l'a quitté, cet endroit appartient aux Hovas.

Morandava ou **Moroundava.** Mouillage ouvert, station hovas d'assez grande importance depuis qu'elle leur appartient. Elle rapporte au gouvernement de quarante à cinquante mille dollars par an. Rakoto, XIᵉ Honneur, en est le gouverneur et est en même temps celui d'Andakabé. L'illustrissime Victor F. W. Stanwood, l'agent consulaire des Etats-Unis, y passe ses jours comme un roi, volant chacun de près et de loin sans crainte de châtiment. C'était autrefois un endroit magnifique et une jolie ville que Morandava, mais à présent elle tombe en ruines et s'écroule dans la mer. Les comptoirs de MM. de Freycinet, Mᶜ Cubbin, Jacquelin, Georges Ropes, Lauratet Le Roy, Donavon et de plusieurs autres arabes y existent encore. Ils font avec l'intérieur le commerce de toute espèce de produits.

Ibosy. Station fondée par un français expulsé de Morandava. Commerce de caoutchouc et d'ébène qui s'y trouvent en grande quantité.

Sizibounzy. Commerce entièrement accaparé par les Arabes. La rivière est la plus belle et la plus large de Madagascar, et peut être naviguée pendant l'espace de cent vingt-cinq milles dans l'intérieur. Si cette rivière était ouverte au commerce, il deviendrait le plus bel et le plus riche endroit de Madagascar. Le caoutchouc et les troupeaux y sont en abondance.

Manambolo, à soixante mille de Sizibounzy. Grande quantité d'orseille, d'ébène, de peaux, de cire et de caoutchouc. Les Arabes et les Indiens de Bombay y font du commerce.

Maheterano, à soixante-six milles de Sizibounzy. Place très importante et grand commerce avec les Arabes, Zanzibar et le Mozambi. MM. Danavon et Smith de Georges Rapes font beaucoup de commerce de peaux, de bœufs, de caoutchouc, de tortues, de coquillages, de bois de rose, de bois de senteur, de cire, de bois de sandal, de bois d'ébène et d'autres riches produits de Madagascar. C'est le quartier général des esclaves de la côte est d'Afrique.

Lorsqu'un navire se met à la côte il est immédiatement dépouillé par les naturels qui disent que c'est Dieu qui leur envoie cette bonne fortune.

Comme conclusion, je répète que la côte ouest et sud de Madagascar est la partie la plus riche de l'île en produits de toutes sortes, bois ou minéraux. L'alfa, la houille et autres richesses s'y trouvent en abondance, et si quelques marchands entreprenants voulaient établir des postes convenables en ces endroits, et possédaient de petits bateaux à vapeur pour faire le commerce sur les rivières et la côte, ils feraient fortune.

J'ai parlé trop de fois dans ce volume de la cérémonie de frère de sang, pour ne pas la raconter en entier en terminant.

Cérémonie de frère de sang.

La cérémonie de frère de sang est généralement faite de la même manière, et a lieu en présence de divers chefs et de vingt guerriers environ avec des femmes qui chantent et battent du tambour au milieu de rasades de rhum, de massacres de bœufs et de festins.

Le frère de sang est considéré par les tribus indépendantes de Madagascar, et principalement par les Sakalaves, comme sacré. La première fois que je subis cette cérémonie dans le royaume de Fiheranga fut si bizarre, si originale et si grande en elle-même que je ne puis résister au plaisir de raconter ici le plus exactement possible l'organisation entière de cette cérémonie.

Ayant quitté le pays des Mafales, j'arrivai près du village de Matakana, vaste bourg sakalave où le grand chef Favara-

hitsa gouvernait. C'était le frère du roi Leymerisa, et le beau-
père du prince Tompoumana. C'est dans ce même district que
fut tué M. Emerson de Boston à cause de l'interprète Théodore
Parent, homme de mauvaise réputation et détesté de tout le
peuple sakalave. Mon frère de sang Poléon ayant choisi une
place propice pour y établir notre campement, envoya un messager à Favarahitsa pour lui dire qu'un grand chef blanc, frère
de sang avec tous les rois de l'Intérieur, était venu pour le
visiter lui et son frère, et désirait demeurer parmi eux. Qu'en
conséquence, il désirait devenir frère de sang avec un guerrier d'une telle réputation, et un grand chef comme Favarahitsa.

Après une heure et demie environ, notre messager revint
accompagné de vingt guerriers armés de pied en cap, et de
vingt femmes nous apportant des provisions, et de plus, un
bœuf de la part de Favarahitsa. Le chef des guerriers, après
bien des simulacres de combats, dit à Poléon qu'il avait été
envoyé par le grand chef Favarahitsa, frère du roi Leymerisa,
pour le représenter et connaître ce que je pouvais venir faire
chez son peuple et dans son pays. « N'êtes-vous point, dit-il,
quelque traître d'homme blanc, venant de la part des Ambaniandros ou Hovas nos ennemis les plus méchants et les plus
détestés, ou avez-vous seulement faim et besoin de nourriture ?
S'il en est ainsi, dites-le vite ! Si vous venez pour combattre,
nous sommes prêts. Si vous venez pour enlever nos femmes
et nos enfants, retournez d'où vous venez ! Si vous venez pour
gagner la côte, nous vous guiderons et vous escorterons ! Mais
ne demeurez pas plus longtemps dans notre pays et avec nous
si vous avez des projets pervers. Vous avez entendu ; qu'en
dites-vous ? vous, ainsi que les autres. »

Poléon s'avança vers lui de quelques pieds et fixa en terre
la pointe de ses assagaies ; il jeta par terre son fusil et dessus
sa boîte à poudre et ses autres ustensiles de guerre : « C'est
vous, dit-il, qui avez été choisi par le grand chef Favarahitsa
pour nous apporter d'aussi bonnes paroles ; eh bien, écoutez-
moi, et vous tous également. Nous ne sommes pas venus ici
pour combattre ni pour enlever vos femmes ni vos enfants, ni

pour vous demander de la nourriture, ni pour trouver notre chemin pour gagner la mer. Mais, nous ne sommes venus avec notre frère de sang, le chef blanc, que pour rechercher votre amitié, vivre au milieu de vous, et combattre avec vous contre tous vos ennemis, principalement contre les plus détestés : les Ambaniandros ou Hovas. Le chef blanc est un bon et véritable ami que nous avons éprouvé pendant longtemps. Ayez confiance en lui, et vous deviendrez prospères, plus sages ; vous serez toujours victorieux dans les combats, et votre pays vous rapportera davantage. J'ai dit. »

Alors les deux chefs se serrèrent la main, et causèrent ensemble pendant environ une demi-heure ; alors Poléon, le laissant, vint à moi, et l'autre reprit avec ses hommes le chemin du village. Cette nuit-là, nous dormîmes sans sentinelles ; Poléon me dit que c'était bien.

Le lendemain matin de bonne heure, le bruit des tambours et des coquilles dans lesquelles on soufflait arriva du village vers nous, et à environ dix heures du matin, quatre guerriers sakalaves de plus vinrent et dirent à Poléon que nous étions attendus, et qu'ils étaient venus pour nous montrer le chemin.

Après un quart d'heure de marche, nous arrivâmes au village où nous fûmes reçus par le second chef qui nous conduisit sous un vaste tamarinier, situé au milieu de la bourgade, et sous lequel ont généralement lieu les « kabars » ou « réunions » et les cérémonies. Mon frère de sang Poléon me dit de rester tranquille et de le laisser faire. Une large natte fut étendue du côté nord sous l'arbre, et l'on me donna l'ordre de m'y asseoir. Un bœuf rouge fut attaché et étendu par terre à plat ventre à quelques pas de moi. Les tambours commencèrent à battre, et cent vieux guerriers vinrent se placer eux-mêmes à environ 20 yards (18^m 30) à l'est. Cent jeunes guerriers s'avancèrent alors et formèrent la ligne du nord. La même quantité de femmes de tout âge formèrent celle de l'ouest. L'ouverture du sud fut comblée par des esclaves de tous rangs, accompagnant le chef et le prêtre ou sorcier qui se placèrent eux-mêmes près de moi sur la natte. Le prêtre, un vieillard très âgé, avait dans sa main droite un petit couteau, et dans la gauche la queue d'un bœuf. Il était accompagné de deux jeunes filles : l'une portant un verre à moitié rempli d'eau, et l'autre un sac d'une apparence très sale, et d'un garçon portant un fusil à pierre couvert de fétiches de toutes sortes. Après que le chef eut pris place à ma droite, le prêtre agitant la queue de bœuf dit : « Vah ! vah ! vah ! » Immédiatement après, hommes, femmes et enfants firent entendre un vacarme épouvantable. Poléon était derrière moi.

Le prêtre fit alors une espèce de discours, me vantant aux Sakalaves comme un grand chef blanc qui avait traversé l'intérieur de l'est à l'ouest. Bien que connaissant les Ambaniandros, leurs ennemis les plus détestés, j'étais venu au milieu d'eux pour leur apprendre à faire de la poudre et de bons fusils, de manière à les rendre bientôt aptes à combattre et tuer les Ambaniandros et à devenir Français. Qu'en conséquence de ma réputation de guerrier et de mes talents comme homme de bien, j'avais été admis à l'honneur d'être fait frère de sang avec leur chef le plus ancien et le plus grand guerrier, Favarahitsa. Le prêtre prit alors un petit morceau de drap rouge sale du sac, dans lequel se trouvait l'ongle d'une personne décédée, qu'il me dit être celui du plus vieil ancêtre du chef Favarahitsa, et il le plaça dans le verre d'eau. Un vieil homme se détacha du groupe des guerriers qui étaient à l'est, et donna au prêtre une assagaie dont la pointe était en argent. Il mit la pointe dans l'eau, et me dit d'en tenir le bâton de la main droite avec le chef Favarahitsa. Le prêtre agita alors la queue de bœuf en disant : « Vah ! vah ! vah ! » et il s'éleva un nouveau vacarme. Ensuite le prêtre commença à murmurer quelques mots, et à frapper le manche de la lance avec la lame de son couteau. Après une courte pose et me regardant bien dans les yeux, il me fit une petite incision dans le côté gauche de la poitrine et en retira avec la pointe du couteau une goutte de mon sang. Il fit la même chose au chef Favarahitsa, et plaça le tout dans le verre d'eau. Il agita encore la queue de bœuf en disant : « Vah ! vah ! vah ! » Il s'éleva un autre tumulte plein

de terreur, après lequel le prêtre ou sorcier dit ces mots : « O
vous, peuples, écoutez ! vous, guerriers vieux et jeunes, vous,
femmes, vous, esclaves et enfants, soyez attentifs ! Ce chef
blanc que vous voyez va devenir le frère de sang de notre grand
guerrier et bien-aimé chef, le plus grand de toute la contrée
sakalave, Favarahitsa. Ecoutez à présent leur serment ! Vous,
chef blanc, et vous, illustre chef, vous jurez de vous protéger
toujours mutuellement ; vous jurez également respect aux conseils l'un de l'autre, comme des vôtres propres ; vous jurez de
protéger l'un l'autre votre famille, vos femmes, vos enfants,
vos esclaves, vos troupeaux, vos plantations comme les vôtres
propres. O vous, mon peuple, écoutez, écoutez, écoutez ! » Alors
un autre vah ! vah ! vah ! et le plus formidable tapage, plus
terrible et plus infernal encore que les précédents, se fit entendre, et je me demandais comment de pareilles vociférations
pouvaient sortir d'une gorge humaine.

« S'ils se trahissent mutuellement, continue le prêtre, puisse
leur langue être brûlée par Tsiripika et demeurer roussie le
reste de leur vie ; puissent les mauvaises herbes étouffer leurs
plantations ; puissent leurs troupeaux, leurs volailles et leurs
canards être tués par le tonnerre ; puissent leurs femmes et
leurs enfants être dévorés par les crocodiles ; puissent leurs
esclaves être pris par les « Ambaniandros », nos ennemis les
plus détestés ; puisse la source où ils devront boire devenir
aride ; puisse la maladie pourrir leurs corps ; puissent-ils être
mangés par les chiens, et leurs os dispersés dans toute l'étendue du royaume sakalave pour montrer à tous combien ils
étaient pervers ! »

A la fin de cette dernière malédiction on me dit de boire
la moitié du contenu du verre et le chef Favarahitsa but
l'autre moitié. C'est ainsi que se termine cette cérémonie
excentrique de frère de sang. Mais, hélas ! tout n'était pas
fait. Deux vieilles chaises américaines en bois furent apportées et on me dit, ainsi qu'au chef Favarahitsa, de nous asseoir
dessus. Poléon se plaça derrière moi et dit en me posant les
mains sur les épaules : « Vous, frère, contemplez tout main-

tenant en tranquillité et attendez ! » Le prêtre semblait absorbé
dans une autre prière. Se tournant du côté du nord, il prit
le fusil du garçon, s'approcha près du bœuf et fit feu en l'air.
Tous alors, chanteurs, batteurs de tambour, souffleurs de
coquilles commencèrent leur tintamarre. La ligne des guerriers située du côté nord s'ouvrit et environ quarante jeunes
filles et plus, habillées de toutes couleurs, vinrent dans l'enclos
en dansant et en sautant. L'une d'entre elles, habillée d'une
mousseline blanche presque transparente, se détacha des
autres et commença à danser et à faire comme une folle.
Petit à petit elle s'avança vers le prêtre, les bras étendus
comme un oiseau qui vole. A dix pas environ, elle s'arrêta ;
son mouvement devint de plus en plus petit et alors elle se
tint devant lui tremblotante comme une colombe craintive.
Qu'elle était donc belle, grande, sublime dans cet état tremblant des pieds à la tête ! Le prêtre levant alors son fusil
rechargé fit feu. Horreur ! la jeune fille tomba comme si elle
eût été morte. J'allais m'élancer et terrasser ce meurtrier
de prêtre, mais je fus retenu sur ma chaise par les mains
solides de mon frère de sang Poléon qui me dit tout bas à
l'oreille : « Elle n'est pas morte, tranquillisez-vous, ce sera
une épouse pour vous, restez tranquille ! »

Le prêtre, après avoir déchargé son fusil en l'air, vint me
prendre par la main gauche et me conduisit à l'endroit où
la jeune fille était étendue comme si elle fût morte. Il dit un
nouveau : « Vah ! vah ! vah ! » auquel succéda un tapage plus
infernal encore. « Vous, guerriers, reprit-il ensuite, vous,
vieillards et jeunes gens, femmes, enfants, esclaves, écoutez,
écoutez, écoutez ! Cet homme blanc, maintenant votre chef,
pour vous prouver que ses paroles sont vraies, demeurera
au milieu de vous. Mais un grand chef et un grand guerrier
comme lui ne saurait s'occuper de sa nourriture, du soin de
sa maison, de ses esclaves, de ses troupeaux et de ses plantations. Un grand chef et un grand guerrier comme lui a
besoin d'une femme pour s'occuper de tout cela et le chef
blanc n'en ayant pas, notre grand chef Favarahitsa lui donne

« Akangintsby », notre grande princesse qui est comme la colombe des Sakalaves, pour voir ce dont il peut avoir besoin. » Puis il me dit de relever la jeune fille, ce que je fis avec le plus grand empressement. Elle s'agenouilla alors devant moi, posant sa tête sur mes genoux, après quoi nous marchâmes côte à côte, et elle s'assit à mes pieds. Alors les chants et les battements de mains recommencèrent comme avant.

Le prêtre alla devant le bœuf accompagné de deux garçons et de deux filles portant un large vase en bois et, après une courte prière, il trancha le cou du bœuf et reçut le sang dans le vase. Ce vase fut apporté à la jeune fille qui y trempa l'extrémité de ses doigts et me toucha au front et à la poitrine. Elle en fit de même pour le chef Favarahitsa, mais aux autres parents elle ne toucha que la poitrine. Poléon me dit de suivre son exemple, ce que je fis en touchant Poléon sur le front et le reste de nos braves Antenos sur la poitrine.

Quand j'eus fini, les coups de fusil, les roulements de tambour, les souffleries dans les coquilles et les battements de mains recommencèrent avec un vacarme tellement infernal et terrifiant que je croyais être entouré par des démons déguisés en sauvages. Cela dura environ dix minutes, mais j'en gardai pendant des semaines le bruit dans les oreilles. Le prêtre agita de nouveau la queue de bœuf et le silence se rétablit. La fille, qui avait disparu pendant le tintamarre, revint en compagnie de soixante hommes, femmes et enfants, chacun apportant quelque chose, qui des nattes, qui du riz, d'autres des patates, des fèves, des pots en bois, etc., etc. « O vous, grand chef blanc, me dit-elle, en tremblotant comme avant, vous qui m'avez faite vôtre « Valy Bé » (première femme) au milieu de notre peuple, regardez devant vous ; moi qui suis votre esclave et tout ce qui m'appartient, prenez, tuez et faites ce qui vous plaira de ma personne et de tout ce qui est à moi. Nous sommes vôtres, nous devons vous obéir et vous suivre toujours partout, excepté au delà des mers. O grand chef blanc, restez et vivez au milieu de nous, soyez le chef de nos guerriers illustres, conduisez-les combattre, et tuer tous les « Ambaniandros » et nous vous suivrons pour faire votre cuisine et vos nattes. » Tous les parents et amis plus ou moins sales, bien que quelques-uns d'entre eux eussent de très jolis vêtements, s'avancèrent alors et me touchèrent les mains.

Il était environ cinq heures du soir et j'avais une faim dévorante. J'accompagnai Poléon dans une maison où des mets avaient été préparés, et cette jeune fille, comme une vieille ménagère, nous servit et nous rendit toutes sortes de soins délicats.

En dehors avaient lieu des fêtes, des réjouissances, des massacres de bœufs, du rhum que l'on buvait, du riz que l'on cuisait, des coups de fusil que l'on tirait, des coquillages dans lesquels on soufflait, des roulements de tambour, des chants et un bacchanal épouvantable. Cela dura toute la nuit et même le lendemain.

Je restai dans le village environ une semaine, au bout de laquelle je dus me séparer de mon bon et fidèle frère de sang Poléon et de ses hommes qui retournaient chez eux.

Je pleurais comme un enfant lorsque nous nous donnâmes une dernière poignée de main ; il me semblait que j'avais perdu mes derniers amis. Les reverrai-je un jour ? La France conquerra-t-elle un jour les Hovas et apportera-t-elle à ces bonnes et douces populations les bienfaits de la civilisation et du christianisme qui leur manquent et qu'ils recherchent si ardemment ? C'est le secret de l'avenir.

Quelques jours après le départ de Poléon, je partis pour la côte avec la promesse de revenir bientôt. Akangintsy et cent guerriers m'accompagnèrent ainsi que vingt de ses esclaves, parmi lesquels j'en pris dix jusqu'à ce que j'eusse quitté Adalanda, mon quartier général, pour Natal, à bord du *Sarah Smith*, capitaine W. Waller.

FIN

NOTES SUR MADAGASCAR

Envoyées pour être publiées par les Journaux « Le Cernéen »,
« la France » et le « Journal des Colonies. »

17 décembre 1884. — La lenteur avec laquelle la France semble agir pour résoudre la question malgache est la cause qu'elle perd et perdra encore un grand nombre de ses alliés les plus sincères, lesquels, soutenus par elle, auraient conquis le pays.

Quand toutes les peuplades de la côte Est depuis Diego-Suarez jusqu'au Fort-Dauphin, si oppressées et si cruellement traitées par les Hovas, virent, dans l'occupation des Français, une petite lueur de délivrance pour elles ; tous, hommes, femmes et enfants étaient prêts à marcher en avant des Français.

Ces peuplades qui attendent avec tant d'impatience les Français commencent à douter de leur bravoure et de leurs capacités guerrières et prennent au sérieux les bruits que les officiers hovas font courir sur eux ; les Français, disent-ils aux populations de la grande île de Madagascar, ne sont qu'une bande de poltrons qui n'oseront jamais prendre l'initiative ni courir les chances d'un combat avec eux.

Si la France ne se secoue pas de cette léthargie au plus vite et ne marche pas immédiatement dans l'intérieur, tous ses meilleurs alliés et amis finiront par perdre confiance et ne pourront plus prendre Madagascar, car ils donneront pour cela trop de temps aux missionnaires anglais d'arranger leurs plans de bataille et leurs intrigues.

Quand les Hovas qui furent envoyés au Fort-Dauphin arrivèrent dans la vallée d'Ambolo, tous les peuples des alentours crurent que les Français les avaient chassés de la capitale et décidèrent d'un commun accord de leur barrer le passage. Ils marchèrent donc courageusement contre eux avec leurs assagaies, il y eut même une forte lutte dans laquelle les Hovas eurent l'avantage, grâce à leurs armes et à leurs canons.

Ayant appris que les Hovas tenaient toujours les Français en échec, les chefs d'Antanosy, de Befangataka, de Behefitarika et de Rafanooriza, craignant la terrible vengeance des Hovas, abandonnèrent leurs villages, leurs plantations de riz et tous leurs biens et se sauvèrent dans l'intérieur de l'île. Hélas ! cinquante Français au Fort-Dauphin auraient seuls empêché cela.

27 décembre 1884. — Les Hovas sont bien loin de faire un secret, mais avouent franchement que si la France avait décidé de marcher sur Antananarive, leur cause, ou plutôt celle des missionnaires anglicans qui les avaient poussés à la guerre, était à jamais perdue. — « Si les Français que nous aimons beaucoup, « me disaient le ministre des affaires étrangères ainsi que bien « d'autres officiers supérieurs du Palais, se décident à venir « comme nous le croyons jusqu'à Marovoay ou à prendre Man- « zaharenbano, la cour d'Emyrne est prête à rejeter tous les con- « seils des missionnaires anglais et à faire sa soumission aux « Français. » — Car ils préféraient ces derniers aux Anglais qui avaient toujours cherché et cherchaient à s'emparer de leurs pays tout en les poussant à faire la guerre aux Français.

Ma ferme conviction est donc que si la France ne se dépêche pas de prendre possession des principaux points de la côte et surtout ne se dirige pas par une marche rapide sur la capitale, elle n'aura pas Madagascar; car ses bons et fidèles amis et alliés d'aujourd'hui auront perdu toute confiance en elle. Ce beau pays de Madagascar, le plus riche du monde entier, passera encore dans les mains des Anglais qui savent travailler lentement, mais arrivent toujours à prendre ce qu'ils convoitent.

Madagascar peut aujourd'hui être conquis avec cinq mille hommes dans l'espace d'un rien de temps; mais si la France ne se hâte pas de battre le fer pendant qu'il est chaud, il lui faudra des années, des milliers d'hommes et beaucoup d'argent pour arriver à une conquête si simple et si belle...

L'avenir prouvera ce que j'avance.

12 février 1885. — Plus de vingt mille Sakalaves sont prêts à marcher à la tête des Français et à chasser les Hovas. La plus grande partie de leurs chefs ont des pavillons pour se joindre et se faire connaître aux Français. Une centaine de Français avec chaque roi suffisent pour soulever chaque tribu et leur donner cet appui qu'ils demandent et espèrent des Français.

Que la France me donne seulement un millier de bons volontaires bien armés, je lui prends tout le pays d'Ibonia et du Ménabé en six mois. Le reste n'est plus rien. Les routes et les habitudes du pays me sont connues ; la nourriture, chaque contrée la fournira. Le moment est propice, que la France ne perde pas cette occasion, car autrement elle s'en repentira toujours. Les meilleurs soldats à y envoyer seraient des Turcos ou des Sénégaliens.

29 juillet 1884. — Reconnaissance offensive. La vingt-neuvième fournit soixante hommes et la trente-neuvième cinquante. On partit à quatre heures du matin, nous avons été inspecter le terrain jusque sous le nez des Hovas. On nous tira quelques coups de fusil, mais nous n'avons pas riposté, et personne n'a été touché. Nous fîmes halte à moins d'un kilomètre d'eux et on se reposa pendant une demi-heure ; puis, on battit en retraite. Les volontaires sakalaves formèrent l'arrière garde. L'officier ordonna de mettre le feu aux jungles et aux broussailles. C'était un beau spectacle de voir toute cette plaine enflammée.

15 août 1884. — Reconnaissance. On partit à quatre heures du matin et nous prîmes la même direction que l'autre fois, seulement nous allâmes un peu plus loin près des marigas. Nous aperçûmes à cinquante mètres des Hovas qui pêchaient dans les marigas les plus profonds. Ils étaient une quinzaine environ et leurs armes étaient posées assez loin d'eux. Ils ne nous apercevaient pas et on aurait pu, en faisant un petit détour, les prendre sans tirer un coup de fusil. Mais une fois que notre capitaine sut que les Hovas étaient là, on fit demi-tour.

Et voilà à quoi sert de mettre en route deux compagnies et trente marins de la compagnie de débarquement.

5 septembre 1884. — Les Sakalaves chantèrent depuis midi jusqu'à minuit. J'étais de garde presque à côté. Ils m'empêchèrent de dormir toute la nuit. — Les chants étaient destinés à chasser les Hovas pour nous rendre maîtres de toute cette terre.

10 septembre 1884. — L'amiral arriva avec *la Creuse*. On lui rendit les honneurs, c'est-à-dire qu'on tira onze coups de canon. Le soir il vint nous passer une revue et fut très content de nous. « Il nous promit que sous peu Madagascar serait français ! »..... (Comme il a bien tenu sa promesse !)

3 novembre 1884. — A sept heures du soir on apporta des brancards pour la reconnaissance du 4 novembre, lorsque tout à coup le capitaine de la vingt-quatrième s'écria : « La *Tirailleuse* y va aussi, on va prendre le village ; ah ! sapristi de sapristi ! s'ils apportaient seulement des poules, ça irait bien ! »

4 novembre 1884. — A deux heures du matin, tout le monde était sur pied et on forma la colonne de marche. Les Sakalaves et les Macouas ayant à leur tête le prince sakalave, « un hovas marié à la puissante princesse Andriana de Marovoay », formèrent le détachement de flanqueurs du côté le plus dangereux.....

Nous déchargions du feu sur toute la ligne, car les Hovas n'étaient plus qu'à quatre cents mètres de nous. A notre décharge ils commencèrent à tirer sur nous, mais leurs balles allèrent se perdre dans l'espace.....

Nous avançons quelques pas, tirant presque à bout portant, et après quelques décharges les Hovas reculèrent en emportant leurs morts et leurs blessés.....

On alla s'abriter derrière un petit mamelon.

On plaça le caporal Doublier (qui avait été tué) sur un brancard et on attela des noirs pour pouvoir l'emporter. Ce moment fut bien triste pour nous.....

Nos Sakalaves et nos Macouas ne battirent pas en retraite ! Leur chef Madiro, levant son sabre en l'air, criait : « France, en avant ! France, en avant ! »... On voyait sur le monticule, criblé de Hovas, nos Sakalaves et Macouas qui cherchaient à dégager le marin mort et criaient : « Français, Français, vous mauvais, laisse homme mort aux Hovas ! »... Un Sakalave tira même le marin par la tête pendant que trois ou quatre Hovas le tenaient par les pieds.

Lorsque Madiro remit son sabre à sa ceinture, car il n'avait pas de fourreau, un Hovas s'avança pour le percer de sa bayonnette. Madiro, avec un sang-froid naturel, se retourna, prit un fusil de la main d'un des siens et tua le Hovas à bout portant.

Ceci se passa en un clin d'œil, ensuite on n'entendit qu'un cri.
— Nos Sakalaves et Macouas, ne nous voyant pas venir à leur secours, se sauvèrent et revinrent se ranger dans nos rangs.

Nous battîmes en retraite.....

Nous n'avions plus de cartouches, les ayant dépensées à tirer trop vite et à trop grande distance. Mais c'est une bonne leçon pour l'avenir.

Révélons maintenant d'autres vérités inconnues :

Le 11 mai 1885, pas un soldat à Marovoay n'avait encore reçu ni poudre ni balles pour son fusil à pierre, ni même aucune cartouche pour les Sniders que leur avaient fournis les « amis de la France », les Anglais. Leurs canons étaient presque tous encloués et ils n'avaient pour boulets qu'une poignée de « galets » ou pierres rondes que l'on trouve sur les bords des rivières.

La France ne sut pas profiter de cette occasion maintes fois renouvelée pour prendre ce pays sans coup férir.

Une autre vérité encore est la destruction de la ville sakalave

de Jangoa et la bataille de « Befita » où eut lieu l'horrible décapi-
tation des prisonniers français ordonnée par le colonel anglais
Saint-Léger-Shervington, ex-adjudant des tirailleurs à cheval de
Natal.

Le 17 juin 1885, des soldats sans culotte ni uniforme, armés de
Sniders venant d'Angleterre et débarqués à Maroundava par le
navire à vapeur anglais *la Normandy*, capitaine Grant, quittaient,
musique en tête, Antananarive, pour se rendre au nord.

Cette « fière » armée avait pour chef le colonel Saint-Léger-
Shervington, « ex-officier anglais », Andriantsilavo, XIVᵉ Honneur, et Rainikatabo, XIVᵉ Honneur. Elle avait pour mission de
brûler, tuer et piller tout ce qu'elle pourrait trouver sur son
passage, après avoir dépassé les limites des Hovas et être entrée
dans le pays des Sakalaves, situé aux alentours de la baie de
Passundava, au nord-ouest de Madagascar.

Au bout du cinquième jour de marche, les plus lâches de ces
guerriers se décidèrent à retourner chez eux pour dire un dernier
adieu à leur famille et ne revinrent plus. Ils étaient partis trois
mille cinq cent vingt, et lorsqu'ils arrivèrent aux environs de Jangoa, ils ne comptaient plus que mille neuf cent quinze soldats, un
colonel anglais, deux maréchaux hovas et quatre-vingt-onze
brigadiers généraux. Ceux qui portaient les haches, les cordes et
les assagaies étaient au nombre de deux cent trente-neuf, avec
cinq tambours et onze clarinettes.

Il régnait un profond silence...... Tout à coup, un mot est pro-
noncé par le chef et l'on dirait que ce mot a ouvert toutes les
portes de l'enfer. Ce ne sont plus de toutes parts que cris déses-
pérés et plaintes atroces, et le spectacle affreux que vous offre la
sinistre lueur de l'incendie du village vous glace le sang dans les
veines!

On peut être soldat, aimer la guerre et les batailles, mais devenir bourreau et assassin, contempler d'un œil sec et cynique ce
carnage, ces contorsions, ces convulsions d'hommes, de femmes
et même d'enfants à la mamelle, c'est le fait d'une nation barbare
et sauvage. Repus de sang et rassasiés de carnage, ils fouillaient
partout avec leurs mains avides et rapaces pour assouvir leur
soif d'or et d'argent, enlevant les jeunes filles et les jeunes
garçons pour en faire des esclaves.....

Au lever de l'aurore, il ne restait plus que ruines et cadavres
calcinés au milieu desquels on pouvait encore reconnaître qua-
rante-deux « lascars » ou sujets anglais de Bombay.

L'armée du colonel Shervington chanta victoire et la musique essaya de jouer le *God save the Queen*. Ces « soldats d'élite » se dirigèrent ensuite en toute hâte vers le nord-ouest, traînant avec eux une longue file d'esclaves destinés à être vendus sur le marché d'Antananarive..... Et l'on dit encore que l'esclavage est aboli à Madagascar!!!..... Quant aux bœufs, ils furent dirigés sous bonne escorte vers la capitale. On en comptait huit cent soixante-cinq.

Après trois jours de fêtes, de débauches et de libertinage, durant lesquels le rhum sakalave capturé fut absorbé en quantité considérable, ces tristes héros, ces Monis, se réveillèrent épouvantés, consternés, pâles de terreur..... Malgré leur ivresse, ils venaient de reconnaître, à une distance assez grande encore, un petit détachement de Français, suivi d'une autre petite troupe de Sakalaves qui s'avançaient dans leur direction.....

Un « sauve-qui-peut » général avait été leur premier cri et beaucoup d'entre eux avaient déjà disparu dans les buissons environnants pendant que les autres puisaient une fois de plus dans le rhum, dont ils s'étaient emparés, le courage qui leur manquait.

Le colonel Shervington ordonna de faire une barricade avec les corps des esclaves qu'ils avaient capturés, et le « Hotchkiss », qu'ils possédaient, fut mis en position et chargé d'un boulet explosif.

Le petit nombre de braves français, ne se doutant de rien, s'avançaient lentement, sous la conduite de leur valeureux adjudant, vers ces démons à face humaine, lorsqu'en sortant d'un bouquet d'arbres, à six cents mètres de là, ils s'arrêtèrent tout à coup. Ils venaient de reconnaître que ce point compacte, d'un brun foncé, n'était autre que l'ennemi.....

Le colonel Shervington, tout chancelant encore, pointa la pièce et fit feu. Le coup partit et le recul envoya cet ivrogne rouler à dix pas en arrière. La secousse qu'il reçut fut si forte qu'elle lui fit rendre une partie du rhum volé qu'il avait absorbé.

La fumée s'évapore, le spectacle est affreux. Plus de dix Français foulent la terre dans des contorsions atroces. Parmi eux, se trouve le brave adjudant: mais lui, du moins, ne souffrait plus.

Dieu des ivrognes, ton existence est donc réelle!

Le boulet était tombé et avait fait explosion juste au milieu de cette poignée de braves enfants de la France, de cette France autrefois si glorieuse, si fière, si invincible et qui, aujourd'hui, tombe de jour en jour en décadence par la faute d'un gouvernement manquant d'unité. De plus en plus elle devient la risée du monde entier; même à l'heure actuelle elle est celle des Hovas, mannequins des missionnaires, sujets anglais à la tête desquels se trouve un forçat libéré, celui-là même qui avait prêté main forte à Rainilaïarivony, le premier ministre, pour étrangler Radama II.

Cette petite troupe, déjà trop faible en elle-même et réduite encore d'un tiers de son nombre, effectua sa retraite dans le bouquet d'arbres, sous la pluie de balles lancées par les Hovas. Hélas! le Dieu des ivrognes était encore contre cette petite troupe de braves qui tombaient en murmurant : « France, patrie, vengenous! »

Après trois heures d'une fusillade acharnée, cette poignée de Français se divisa en deux bandes et commença une retraite en bon ordre.

On ne saurait trouver d'expressions assez élogieuses pour ce brave militaire qui était chargé d'une espèce de petite mitrailleuse s'attachant à la ceinture. Sans lui tout le reste de ces braves enfants de la France était perdu.

Après la retraite de ces vaillants soldats français, se battant un contre cent, la « belle et valeureuse » armée du colonel Shervington se rua sur les blessés et sur les morts; et là, sans pitié ni merci et par ordre du colonel Saint-Léger-Shervington, elle coupa la tête aux morts et aux blessés ou, pour mieux dire, la leur détacha à coups de couteau et de hache. Les moins blessés que les autres demandaient grâce à genoux et les mains jointes, mais ils ne furent pas plus épargnés. Ces têtes furent ensuite mises sur la pointe des assagaies et un grand festin fut de nouveau préparé pour fêter cette grande victoire des Hovas sur les Français.....

Cent quinze esclaves qui avaient ainsi formé un rempart vivant aux Hovas étaient morts ou blessés et les plaintes de ces malheureux auraient déchiré le cœur le plus endurci; mais cette horde de bourreaux n'en avait pas.

Après deux jours et deux nuits d'orgies, de débauches et du libertinage le plus éhonté pratiqué sur le corps des malheureuses jeunes filles blessées, le colonel Shervington décida de retourner à la capitale. Les têtes et les dépouilles des Français furent partagées et celles qui avaient le plus de valeur furent adjugées aux officiers supérieurs. Toutes ces têtes furent portées en triomphe au lieu de ce massacre.

La raison étant revenue au colonel Shervington, il écrivit immédiatement au commandant français d'un poste à Passendava et

lui exprima tout le regret qu'il avait des actes barbares qui
avaient été commis par les Sakalaves qui suivaient son armée et
qui lui étaient restés inconnus; que lui, comme ex-officier de Sa
Majesté britannique et actuellement colonel et secrétaire militaire
du « général » Willoughby, avait fait enterrer, avec les honneurs
militaires, non seulement les cadavres des soldats français mais
aussi les têtes que ces sauvages de Sakalaves avaient eu l'atrocité
de couper.....

O vérité! quand donc parviendras-tu à te faire connaître!

Trois têtes furent portées à la capitale; quant au casque de
l'adjudant, le colonel Shervington se l'adjugea.

Le 1er octobre 1885, à midi, deux compagnies de la Garde
Royale, tambours et clarinettes en tête, avec les officiers en cos-
tumes noirs et jaunes, sortaient de la capitale pour aller chercher
et escorter le colonel Shervington qui arrivait.

A deux heures, les canons se firent entendre et annoncèrent
que cette armée triomphante était entrée dans la ville. Les rues
étaient pleines de peuple et les maisons garnies de mouchoirs de
toutes les couleurs. Un seul pavillon étranger flottait dans la
capitale, c'était celui du Vice-Consulat anglais placé au-dessous
de celui des Hovas et sur la même hampe.

Le défilé avait environ un mille de longueur.

En premier lieu venaient les femmes et les jeunes filles des
écoles, chantant des hymnes méthodistes évangéliques et ayant
à la main des guirlandes et des branches de lilas. Elles étaient
accompagnées de tout l' « état-major » des femmes des missionnaires anglicans.

Ensuite s'avançaient les Ecoles du « London Mission Society »
appelées « les Indépendants » avec leur état-major de saltimbanques.

Derrière elles, marchaient les 200 hommes de la Garde Royale,
tous habillés de tuniques rouges anglaises aux casques et panta-
lons blancs.

La musique militaire suivait en faisant entendre ses morceaux
les plus mélodieux. On alla même jusqu'à jouer une espèce de
« Marseillaise. »

Venait enfin cette « brave » armée derrière laquelle étaient por-
tés les brigadiers généraux.

Derrière eux venaient les trophées de cette « glorieuse » campagne dans l'ordre suivant:

1º Huit chefs sakalaves. — L'idée des tortures qu'ils devaient
supporter plus tard vous faisait frissonner.

2°. Toutes les dépouilles de l'adjudant ainsi que celles des autres Français morts et mutilés étaient portées en triomphe sur la pointe des assagaies.

3° Le pavillon français pris dans le village de Jangoa et non sur le champ de bataille. Ce drapeau était celui qui avait été donné au chef sakalave de cette ville par les Français qui lui avaient promis de le protéger et de le défendre.

Le colonel Shervington, monté sur le cheval blanc du premier ministre, portait sur la tête le casque de l'adjudant français ; il avait à ses côtés les maréchaux Andriantsilavo, XIVe Honneur, Rainikatabo, XIVe Honneur, suivis d'une escorte d'officiers de tout rang, et de cent hommes armés d'assagaies et de boucliers qui fermaient la marche.

Ils furent tous reçus au palais.

La Reine passa en personne la revue de ces troupes victorieuses, de ces soldats d'élite si bien disciplinés, et les remercia de leur fidélité et de leur bravoure.

Le « général », ex-enchanteur et escroc, Digby de Rontenay Willoughby, adjudant général des Forces du Royaume de Madagascar, prit la parole en ces termes :

« Soldats, dit-il, vous avez les remerciements de votre Reine
« bien-aimée, de votre digne et capable Premier Ministre, de votre
« gouvernement et ceux de votre Adjudant Général pour la splen-
« deur de votre expédition et pour la tenue, la bravoure et le pa-
« triotisme que vous avez déployés.

« Avec une armée telle que la vôtre, les libertés du pays sont
« à l'abri des machinations des despotes et le sol de votre patrie
« est garanti de l'intrusion de votre seul et puissant ennemi, les
« Français.

« Oui, soldats, c'est pour vous défendre contre ces traîtres qui
« voulaient vous enlever votre pays, votre or et votre liberté que
« j'ai consacré ma capacité militaire, mon corps et mon sang, et
« c'est dans ce but que j'ai accepté le rênes du gouvernement
« militaire.

« Votre valeur passée est la meilleure garantie de votre cou-
« rage, de votre moralité et de votre fidélité dans l'avenir. — Re-
« nouvelons donc tous nos serments de loyauté à notre gracieuse
« Reine et à Son Excellence le Premier Ministre.

« N'est-il pas vrai, soldats, que nous préférerions tous perdre
« non seulement jusqu'à la dernière goutte de notre sang, oui, de
« notre sang, mais encore celui de nos enfants, plutôt que de lais-
« ser ces traîtres de Français toucher à un pouce de nos terres ?

« Buvons tous à la santé de notre gracieuse Reine, à Son Excel-
« lence le Premier Ministre, à la prospérité et à la victoire de nos
« armes.

« Soldats, au revoir ! »

. . . .

Ensuite eut lieu, dans la place du Palais d'argent, le banquet
avec ses mille toasts qui se termina par des scènes d'immoralité
et d'intempérance.

L. DE R. DU VERGE,
Colonel et ex-consul des Etats-Unis d'Amérique.

M. le général Boulanger eut l'amabilité de me faire écrire la
lettre suivante :

Paris, 16 septembre 1886.

TRÈS HONORÉ MONSIEUR,

Il me revient l'honneur de vous remercier de la très importante
et intéressante communication que vous avez bien voulu faire à
Monsieur le Ministre.

Votre récit de la destruction de Jangoa et de la bataille de Befita
présente un intérêt très significatif ; il serait difficile d'exposer
les faits avec une plus véridique indépendance, dans un style
aussi émouvant que sympathique.

Vous voulez bien, très honoré Monsieur, faire l'offre de com-
munications non moins importantes ; je n'ai plus besoin de vous
assurer qu'elles seront reçues avec le plus réel plaisir.

Je vous prie, très honoré Monsieur, de recevoir, avec les remerciements que j'ai à vous transmettre, l'assurance de ma très res-
pectueuse considération.

Capitaine BUJAC.

J'ai parlé plus haut de la trahison d'un lieutenant français. Cet
homme lâche et perfide qui voulait vendre aux Hovas les braves
enfants de France, ses compatriotes, se cachait sous le nom de
« E. Palmers de Rhône. »

Voici la lettre qu'il écrivait à la reine malgache :

Marovoay, janvier 1885.

A Sa Majesté Ranavalo Mandjacka, Reine de Madagascar.

Détenu prisonnier à Marovoay depuis neuf mois déjà, que Votre
Majesté me permette de lui adresser cette pétition, où, lui expli-
quant les causes de mon séjour ici et la position dans laquelle je

me trouve, je viens lui adresser une demande à laquelle je la prie de vouloir bien faire droit.

Parti du camp français de Majunga, au mois d'avril dernier, à la suite d'affaires personnelles et particulières qu'il serait trop long de détailler ici, je me rendis *volontairement* et librement au camp hovas d'où je fus expédié à Ambitombi d'abord, puis à Marovoay, où je suis actuellement détenu.

Né à Montréal, Canada (pays anglais), je fis toutes mes études en France puis entrai à Polytecnique (*sic*) d'où je sortis ingénieur. Du Tonkin où je me trouvais en 1883, je fus expédié à la Réunion d'abord, puis à Majunga, où je refis le fort de Morombato démantelé par les boulets français. C'est de là, qu'à la suite des affaires dont je vous ai parlé plus haut, je quittai le camp français pour me rendre à celui des Hovas.

Je viens aujourd'hui présenter à Votre Majesté la requête suivante : soit de me donner du service là où elle le jugera bon ; soit, mieux encore, de m'employer à fortifier les villes et les endroits qu'Elle me désignera ; Lui donnant ma parole de ne jamais essayer de m'évader de l'endroit où elle m'aura placé.

Permettez-moi d'espérer que Votre Majesté voudra bien prendre ma demande en considération.

Je suis, avec respect, de Votre Majesté le dévoué serviteur.

E. PALMERS DE RHÔNE.

A cette lettre était joint le plan du fort de Majunga, vu à vol d'oiseau, qu'il serait trop long de recopier ici, lequel était accompagné des remarques suivantes :

« *Nota*. — La boîte à électricité se trouve dans la chambre fai-
« sant face à la porte du fort. Elle se trouve sous double verrou
« et la boîte ne saurait être prête à fonctionner que 20 minutes au
« moins après le commencement de l'attaque.

« Les montures, attelages, caissons, etc., etc., appartenant aux
« 4 pièces du fort, se trouvent à la chambre n° 12. »

Derrière ce plan du fort se trouvait celui du pays occupé par les Français avec cette annotation :

« *Nota*. — Les torpilles au nombre de 23 ne dépassent pas la
« ligne de démarcation que j'ai tracée autour du fort. Au nord-
« ouest, il ne s'en trouve pas dans l'angle que j'ai tracé sur cette
« ligne de démarcation. »

Antananarive, 20 octobre 1884.

A Son Excellence Rainilaiarivony, Premier Ministre
et Commandant en Chef.

EXCELLENCE,

J'ai l'honneur et le regret de vous soumettre les faits suivants :

1° Pendant que j'étais à dîner, les portes de mon entourage furent forcées et une femme malgache habillée à moitié à l'Européenne s'est permis de pénétrer dans ma cour et de monter chez moi en tenant des propos plus ou moins obscènes et avec des gestes et des manières tout à fait contraires à la morale et à la pudeur ;

2° Que cette dame, saoûle comme une grive, n'était autre que la sœur de la Reine de Madagascar ;

3° Qu'elle a sans motif aucun et sans aucune provocation frappé un des Mauriciens qui montaient la garde chez moi ;

4° Qu'elle avait une suite de plus de cent hommes et femmes qui prirent possession de ma cour et de ma maison comme si j'y tenais un nid d'espions ou si j'avais dans ma chambre l'Eléphant blanc de Barnum ;

5° Que cette dame n'a jamais voulu s'en aller jusqu'à ce qu'elle ait reçu un beau présent.

J'ai l'honneur de prévenir Votre Excellence que, quoi qu'il puisse m'arriver, je ne tolérerai jamais plus une pareille chose chez moi.

Je prie Son Excellence de bien vouloir lire le traité conclu entre Madagascar et les Etats-Unis le 14 février 1867, sur l'article II du droit de domicile.

J'ai l'honneur d'être, Excellence, votre dévoué serviteur.

L. DE R. DU VERGE.

On voit que la sœur de la Reine n'était pas précisément une vertu ; c'est cependant la civilisation apportée par les missionnaires méthodistes évangéliques. Voici une autre lettre à l'appui de ce que j'avance.

Trabounzy, dimanche, 19 mai 1885.

Au gouverneur général Ramambazafy,
XIVᵉ Honneur, Ambohitombikely.

CHER MONSIEUR,

Après avoir attendu en vain vos soldats à Marovoay, je suis parti sans eux, et arrivé ici j'ai appris que votre Moses, autrement dit Rasoandraza, Xe Honneur, surintendant des Ecoles méthodistes évangéliques, avait pris beaucoup de jeunes filles pour l'accompagner à la capitale (par votre ordre, disait-il).

Deux de ces jeunes filles se sont sauvées de lui; l'une est encore absente, et quant à l'autre, après son arrivée ici, elle fut attachée par un de vos maîtres d'école, probablement de la même catégorie. Je l'ai fait immédiatement relâcher et ai eu le plaisir de secouer un peu votre canaille de professeur.

Sur ma parole, la civilisation fait réellement des progrès, et si elle est toujours aussi bien enseignée par cette bande de vauriens méthodistes évangéliques, les lois de Son Excellence le Premier Ministre seront, en vérité, bien observées, et le Christianisme ainsi que la civilisation feront place au plus vil libertinage et au dévergondage le plus éhonté.

Je ne conçois réellement pas comment vous pouvez vous montrer si sévère envers les malheureux Sakalaves qui ne sont pas éduqués, lorsque vous autres, et particulièrement ceux qui doivent enseigner la Bible, vous commettez de pareilles atrocités.

Laissez Fontenay faire ce qu'il veut; je me rends responsable de ses actes. Cependant si vous ne voulez pas le laisser aller à Majunga, renvoyez-le moi à Mevatanana. Quant à vos prisonniers français, Bordenave, Garçon et Deheaulme, ils seront bien mieux ici qu'à Marovoay, car le vieux gouverneur me semble un bon homme.

Ces deux malheureux chefs sakalaves qui sont enchaînés me paraissent être très malades, et ce serait une lâcheté sans nom de les conserver dans la même position.

Le Gouverneur m'a montré hier onze fusils à pierre, parmi lesquels quatre n'avaient pas de chien. Il faut avouer que les Français ne désirent pas prendre votre pays.

Tout à vous.

L. DE R. DU VERGE.

Cependant, malgré mon plus grand désir de servir les Français et de secourir leurs prisonniers, ce que je faisais avec le plus de précautions possible, il me sembla, peut-être à tort, que l'on faisait courir sur mon compte des bruits plus ou moins mensongers et que l'on m'espionnait. D'ailleurs, il y avait longtemps déjà que j'étais accoutumé à cela.

Private.   Marovoay, 26 avril 1886.

> *A Monsieur Digby de R. Willoughby,*
>   *Général des Forces Malgaches.*

MONSIEUR,

Je vous envoie les détails suivants :

A onze heures quarante-cinq minutes du soir, je fus réveillé par mon cuisinier qui me dit avoir entendu des coups de canon dans la direction de Majunga, ce que je pus constater après m'être réveillé.

Je sortis de ma maison, mais ne trouvai à leur poste aucun de vos braves soldats d'élite hovas. Je fis prévenir le gouverneur Rainiavoanzo, XIIᵉ Honneur, et en même temps battre le rappel. Et je donnai ordre au gouverneur d'envoyer avec moi une centaine d'hommes pour visiter les postes placés en dehors de la ville.

A mon arrivée à ces postes, je ne trouvai personne et fus on ne peut plus surpris de voir que je n'étais suivi que de dix-huit hommes armés d'assagaies et de cercles de barriques aiguisés en guise de sabre. J'attendis néanmoins jusqu'au jour, mais ne voyant personne arriver, je retournai chez le gouverneur qui était en train d'emballer ses effets. C'est d'ailleurs ce que faisait la majeure partie des hommes composant votre belle armée.

Les canons sans affûts de la ville de Marovoay avaient été encloués pour la plupart, et aucun soldat n'avait encore reçu des munitions de guerre.

Je suis entouré d'espions et de traîtres, mais comme je suis loin de vouloir passer pour un traître et un imbécile, je désire ne plus rester parmi des sauvages, suspecté, comme je le suis, d'être espion des Français et cousin des prisonniers Bordenave, Garçon et Deheaulme.

Les deux docteurs malgaches qui sont ici depuis quelques jours font sur ma carcasse toute espèce d'expériences avec des vésicatoires et autres poisons qu'ils me font prendre. Il est, je crois, inutile qu'ils m'en donnent plus que je n'en prends journellement dans les mets qui me sont envoyés *par mes soi-disant bons amis, les gouverneurs et autres.*

Je suis on ne peut plus dégoûté de toutes les choses qui se passent et se font ici depuis mon départ de la Capitale. Pour me soumettre et me courber comme vous le faites devant une bande de sauvages, qui ne sont que les instruments des machinations de vos Méthodistes Evangéliques, je ne le ferai jamais de ma vie. Advienne que pourra.

Les deux français Bordenave et Garçon, faits injustement prisonniers, comme je vous le disais dans ma lettre du mois de janvier, sont fort maltraités ici, et je puis vous assurer que ces deux hommes feront peut-être du tapage après la guerre. Comme l'ordre a été donné de les percer d'assagaies si les Français faisaient une marche sur Ambohitombikely, je les ai pris près de moi et leur fais cuire leurs aliments par mon cuisinier.

Quant au lieutenant de Rhône, pardonnez-moi l'expression, mais c'est un fier cochon. Figurez-vous que cet animal s'est fait passer, comme les autres, pour être un de mes cousins. Tous les Hovas, ici, le croient.

Le caporal français reste avec moi. Je l'ai retiré de sa prison en répondant de lui sur ma tête. Ce malheureux a déserté par rapport aux mauvais traitements que lui faisait subir son lieutenant M. de la Faye.

Chauvin et Fontenay sont toujours malades.

J'ai demandé au gouverneur général d'envoyer tous les prisonniers à Trabounzy ou à Mevatanana. Ces deux places sont saines et les gouverneurs me paraissent, si je ne me trompe, être de bonnes gens ; ils seront là assez bien traités.

Tout à vous.   L. DE R. DU VERGE.

Ne recevant aucune réponse sérieuse de la part de Willoughby au sujet de ce que je lui disais dans ma lettre, je lui écrivis ce qui suit :

Private.   Marovoay, 14 mai 1885.

A Monsieur Digby de Rontenay Willoughby, Général des Forces Malgaches.

MONSIEUR,

Dans plusieurs de mes dépêches je vous demande des ordres du Premier Ministre par écrit et n'en reçois jamais. Vous ne me répondez même pas. Ce sont les Gouverneurs qui me disent que le Premier Ministre leur écrit pour me dire de faire telle ou telle chose. Cela commence beaucoup à m'embêter et me force de plus en plus à croire que je ne suis entouré que de lâches, de vils traîtres, d'espions et d'empoisonneurs.

Aujourd'hui, 14 mai, savez-vous qu'aucun soldat n'a encore ni poudre, ni balles ! Vous m'écrivez de repousser toutes les attaques des Français. Eh bien, venez-y vous-même et faites-le, si vous êtes meilleur soldat que moi, si vous avez une armée composée de 5.000 hommes comme vous le dites, à la Capitale, et qui par le fait n'a qu'un effectif de 335 hommes plus ou moins malades, dont 73 ont de bons fusils à pierre, 177 n'en ont que de mauvais, cassés ou impropres au service, et 85 sont armés d'assagaies.

Le reste de cette belle armée est employé par les gouverneurs à faire le commerce ou à planter du riz.

Vous m'appelez Colonel! Colonel de quoi? Est-ce de 75 polichinelles sans culottes affublés d'un fusil à pierre?

Je vous ai dit que ces manières de faire et d'agir envers moi ne sont pas celles d'un ami, si vous l'êtes réellement comme vous me le dites.

Il faut qu'une décision soit immédiatement prise à l'égard du gendre du Premier Ministre. Ce général porte la discorde, le désordre et l'infamie partout où il passe, il prend les femmes et les jeunes filles par force, fait assommer les pères et les maris et vole tout ce qui lui plaît. Cela ne peut pas durer plus longtemps.

Depuis que je l'ai flanqué à la porte de chez moi avec mon pied quelque part, il augmente autant qu'il est en son pouvoir le nombre de mes ennemis. S'ils n'étaient pas des lâches, je ne craindrais rien, mais avec des êtres semblables ma carcasse est bien loin d'être en sûreté.

Si j'avais laissé fusiller Abdul Karim et Sali Mangi, il est évident que Bordenave, Garçon et Rhône eussent subi le même sort. J'en ai pris la responsabilité sur ma tête; qu'on me fasse passer en conseil de guerre si l'on veut, je m'en fiche, mais il est temps que tout cela soit fini.

Tout ceci, vous comprenez, est écrit à un ami et confidentiellement.

Tout à vous.   L. DE R. DU VERGE.

Cette lettre me procura enfin une réponse de Willoughby. La voici:

Antananarive, 26 mai 1885.

MON CHER DU VERGE,

Merci de votre lettre *privée* et pour les serres d'aigle que vous m'envoyez.

Soyez persuadé, mon très cher, que vous trouverez en moi un ami sincère et véritable. Je vais m'occuper de vos affaires;

mais il faut prendre patience. Je vais tout arranger de manière à ce que vous soyez fier de votre Général.

J'ai dit au gouvernement de ne pas payer à Tacchi la somme que vous lui envoyez. Car cet homme vous vole et vous volera, soyez-en sûr.

Bon courage ! votre maladie ne sera rien.

Quant au caporal français et aux autres Français, ne vous en occupez pas du tout.

Que tous les Français soient damnés !

Votre ami.　　　　　　　　　DIGBY DE R. WILLOUGHBY.

Ennuyé de toutes ces vexations, j'écrivis la lettre suivante au Premier Ministre :

Antananarive, le 21 novembre 1885.

A Son Excellence Rainilaiarivony,
Premier Ministre et Commandant en chef.

EXCELLENCE,

Veuillez croire que c'est avec un sentiment de peine que j'ai l'honneur par la présente de vous donner ma démission d'officier de Sa Majesté la Reine au service de laquelle un vrai soldat ne saurait supporter plus longtemps la suprême arrogance d'un être vil, imbécile et traître comme Willoughby qui, par d'infâmes machinations, cherche à devenir le dictateur de Madagascar.

Je n'ai pas accepté le Consulat que vous désiriez me donner pour l'Amérique, parce que je ne voulais plus être sous les ordres d'un individu tel que Willoughby qui voulait que toutes les copies de mes correspondances diplomatiques lui fussent remises entre les mains.

J'ai l'honneur d'être de Votre Excellence le très obéissant serviteur.

L. DE R. DU VERGE.

Par le même courrier j'expédiais au colonel Shervington la lettre qui suit :

Antananarive, 21 novembre 1885.

Au Colonel Shervington, Secrétaire militaire.

MONSIEUR,

J'ai l'honneur de vous prier d'informer l'Adjudant Général que je me suis permis de dévier à l'étiquette militaire en expédiant directement à Son Excellence le Premier Ministre et Commandant en chef ma démission d'officier de l'armée malgache sous les ordres d'un tel Général.

J'ai l'honneur d'être votre tout dévoué.   L. DE R. DU VERGE.

En même temps, j'avertissais mon consul.

Antananarive, 21 novembre 1885.

A l'hon. W. W. Robinson, Consul des Etats-Unis, à Tamatave.

MONSIEUR,

J'ai l'honneur de vous avertir que je ne fais plus en aucune manière partie du gouvernement militaire malgache, ayant envoyé ma démission de colonel pour des raisons que je vous expliquerai plus tard.

M. Digby de Rontenay, « ce grand adjudant général », comme il se fait passer ici, n'est qu'un espèce de chien roquet, vain, ambitieux, jaloux, arrogant et malhonnête. Il conduit le pauvre peuple malgache dans la fange.

Ses ordres ne sont pas ceux d'un soldat, mais bien ceux d'un sauvage africain du Congo.

Je suis soldat mais non un meurtrier, et je ne puis souffrir d'entendre dire que des prisonniers français aient été tués et décapités avec sang-froid par les ordres de ce général et exécutés par le colonel Shervington son secrétaire militaire.

Je pars pour les Etats-Unis et l'Europe en me proposant, si Dieu me prête vie, de publier toutes les atrocités de ce général empoisonneur.

Vous pouvez faire de cette lettre ce que vous voudrez.

Votre tout dévoué.   L. DE R. DU VERGE.

Le 26 novembre je reçus cette lettre de Shervington :

Antananarive, 26 novembre 1885.

Secrétaire militaire au Colonel du Verge.

L'Adjudant général me prie de vous informer que votre démission ne peut être acceptée qu'après avoir renvoyé vos commissions qui auraient dû suivre votre résignation.

J'ai l'honneur d'être votre tout dévoué serviteur.

ST-LÉGER-SHERVINGTON,
Colonel et secrétaire militaire.

Voici ma réponse :

Antananarive, 26 novembre 1885.

Au Colonel Shervington, Secrétaire militaire.

Monsieur,

En réponse à votre dernière lettre datée du 26 courant m'informant que ma démission ne saurait être acceptée sans que je remette à l'Adjudant général mes commissions, j'ai l'honneur de vous dire que dans aucun des codes américains et même anglais je n'ai trouvé aucun cas qui puisse m'y forcer.

Si donc, comme vous me le dites, c'est l'ordre du Premier Ministre, que celui-ci m'écrive lui-même.

Conséquemment je refuse de vous remettre ainsi qu'à l'Adjudant général ce que vous me demandez en son nom.

J'ai l'honneur d'être, etc.

L. DE R. DU VERGE.

Je recevais en même temps cette lettre de Willoughby :

Quartier Général, Le Palais, 25 novembre 1885.

Secrétariat de l'Adjudant Général.
L'Adjudant Général au Colonel Du Verge.

Monsieur,

J'ai l'honneur de vous informer qu'en réponse à votre lettre datée du 21 novembre 1885, envoyée directement à Son Excellence le Premier Ministre et Commandant en chef, ce dernier est très étonné que vous ne l'ayez pas envoyée par voie ordinaire et désobéi ainsi à ses ordres directs.

C'est toujours avec regret que je censure tout officier, et particulièrement un qui est supposé le savoir mieux.

Votre ignorance des lois militaires, de l'étiquette et de l'obéissance que vous devez aux ordres de votre général ne saurait égaler l'inactivité que vous avez montrée pour les apprendre et leur obéir.

Votre langage contre moi, votre officier supérieur, est le langage d'un mutin, et c'est tout ce que j'espérais trouver dans un officier comme vous, dénué d'esprit de corps et conséquemment incapable de commander.

Je peux aussi vous informer qu'il ne tenait qu'à moi de vous faire passer en conseil de guerre et renvoyer du service malgache.

Votre démission est acceptée par Sa Majesté la Reine de Madagascar et je suis chargé de vous dire que le Premier Ministre et
Commandant en chef désire que vous fassiez de prompts arran-
gements pour votre départ.

J'ai l'honneur d'être, etc.

D. DE R. WILLOUGHBY.

Le 28 novembre, M. Richard, membre de la Réunion des
explorateurs, vint de Paris faire une conférence sur Madagascar.
Le lendemain j'adressais ces lignes au rédacteur du *Nouvelliste* :

Bordeaux, le 29 novembre 1886.

MONSIEUR LE RÉDACTEUR,

J'ai eu l'honneur d'assister hier au soir dans le grand amphi-
théâtre de l'École professionnelle à une séance très intéressante
sur Madagascar faite par M. Georges Richard, membre de la
Réunion des explorateurs et conférenciers.

Quelques points de son discours m'ayant paru un peu obscurs,
permettez-moi de vous communiquer les quelques lignes suivantes qui, j'en suis sûr, trouveront un bienveillant accueil auprès de vos lecteurs et même auprès de M. Richard qui aura été
probablement induit en erreur.

Bien que la *Gironde* trouve les appréciations de l'honorable
conférencier « quelque peu pessimistes », je certifie au contraire
qu'elles sont encore bien au-dessous de la vérité et j'applaudis
de tout mon cœur à la sympathie qu'il professe pour les braves
Sakalaves, vos alliés les plus dévoués, et l'éloge qu'il en fait ne
peut sortir que d'un cœur véritablement français.

Les plus mauvais sentiers de la côte à Antananarive sont
toujours employés pour y faire passer les étrangers se rendant à
la capitale, c'est là un ordre formel du Premier Ministre Rainilaiarivony, trois fois assassin et fratricide avec son complice
M. Parett, chef de la Mission méthodiste évangélique surnommée
« les Indépendants », pour l'assassinat de Radama II.

Vohimar, que la France a rendu aux Hovas, est un pays
excessivement fertile habité au nord-est par les Sarakases, au
nord-ouest par les Antankaranas, qui sont les deux seules peuplades qui habitent l'extrême-nord de Madagascar. Ils sont très
dévoués à la France, mais cependant moins encore que les peuplades indépendantes de l'intérieur, du sud et de l'ouest de la
Grande Ile.

Le fleuve Betsiboka prend sa source principale dans les montagnes d'Ankaratras, les plus hautes de Madagascar ; il se divise en deux bras, l'un s'en va dans le pays de Valalafatsy et forme une partie du fleuve de Sizybouzy, un des plus grands de la côte ouest, tandis que l'autre bras continue vers le nord et se jette dans la baie de Bombatoka où est située la ville de Majunga, d'illustre mémoire.

Contrairement à ce qu'a dit M. Richard, ce fleuve n'est pas navigable si ce n'est pour un bâtiment de très faible tirage. Naturellement je parle au moment de la saison sèche, car au moment des pluies l'eau monte à vingt-deux pieds, mais la rapidité du courant qui n'excède pas moins de vingt-sept milles à l'heure rend toute navigation impossible. Aucun bateau ne peut remonter au delà de Maravony s'il tire plus de cinq pieds, et pour arriver à Mevatanana il ne faudrait pas qu'il tirât plus de deux pieds d'eau.

Les rapides qui viennent ensuite ont environ un mille trois quarts de long et ne sauraient être passés en bateau.

Mevatanana est le premier poste où les Hovas extraient l'or. (Chose que M. Richard paraît ignorer.) Un peu plus au sud et à un jour de marche environ se trouve Ampassaria, autre poste où les Hovas ont six cents hommes occupés à fouiller l'or. C'est en cet endroit que M. Suberbie avec son ami Ramparany, Xe Honneur, docteur hovas, ont trouvé de l'or en grande quantité et où ils ont planté des arbres de lilas et autres marques qui ont été détruits par le gouvernement hovas.

C'est ce même M. Suberbie qui fut décoré de la croix de la Légion d'honneur pour avoir accompagné les sœurs de Charité de la capitale à la côte lorsque ces dernières furent expulsées de Madagascar. Les Français savent-ils toutes les misères qu'ont dû endurer ces malheureuses femmes pendant un pareil trajet ?

Les peuples les plus amis de la France sont les Antimoores, les Ibaras, les Antenos et les Sakalaves de la côte ouest.

Quant aux environs de Diego Suarez ils sont loin d'être aussi fertiles et aussi sains pour les émigrants que les environs de Tuléar, dans la province de Fiheranga, considérée à juste titre comme un des meilleurs ports de la côte ouest de Madagascar.

CONCLUSION

Qu'il me soit permis, en terminant ces récits, de répéter une fois de plus à ceux de mes lecteurs qui auront eu la patience de me lire jusqu'au bout, que tout le mal qui s'est fait à Madagascar ne provient que de la différence de religion et de la haine des missionnaires anglicans contre les catholiques. Si les Hovas avaient eu des catholiques pour conseillers et pour guides, cette dernière guerre et toutes les tyrannies commises contre les Sakalaves et autres peuplades indépendantes n'eussent jamais existé. Quoique vains, envieux, ambitieux et despotes par nature, les Hovas auraient probablement agi tout différemment. Ce sont donc les méthodistes évangéliques anglicans qui, pour satisfaire leur stupide vanité, ont fait cette dernière guerre. Pour parvenir à leur but, ils se servaient comme de mannequins d'êtres tels que Willoughby, Shervington, Graves et autres du même calibre. Ces deux premiers principalement ont mis à exécution toutes les infamies ordonnées par la Cour, derrière les rideaux de laquelle ces vaillants « forçats » soufflaient leurs volontés, disant venir de la part de Dieu et n'agir que pour Dieu.

Aussi longtemps que des chenapans de cette espèce seront à Madagascar, jamais il n'existera pour les catholiques et surtout pour la France une paix sérieuse, un bien-être quelconque ni une tranquillité absolue. Cette jalousie qui existe entre les catholiques et les méthodistes évangéliques de Madagascar sera toujours la cause de tracasseries sans nombre, peut-être même de guerres.

Que la France fasse bien attention à elle et veille à ce que les Sakalaves qu'elle a si lâchement abandonnés et qui vont être maintenant choyés par les méthodistes ne deviennent à l'avenir la cause de ses plus grands maux, et que l'amour, l'espoir et la confiance absolue qu'ils avaient dans les Français ne se changent pas, sous l'influence des leçons de ces soi-disant hommes de Dieu, en haine profonde et n'aboutissent pas au carnage et à l'anéantissement de ceux qui les auront trompés et délaissés.

Qui vivra, verra.

TABLE DES MATIÈRES

BAR-LE-DUC. — TYP. SCHORDERET ET Cie.

BAR-LE-DUC. — TYP. SCHORDERET ET Cie.

www.ingramcontent.com/pod-product-compliance
Lightning Source LLC
Chambersburg PA
CBHW072044080426

42733CB00010B/1986